KB200224

아무리 바빠도 가정예배

아무리 바빠도

가정
예배

백은실

규장

격변의 시대를 살아내는 힘, 가정예배

가장 완벽한 예배의 자리

"엄마가 말하던 시대가 이렇게 빨리 올 줄 몰랐어요."

"교회에서 예배를 못 드리니 너무 속상해요."

"우리 가정예배가 크게 달라질 건 없잖아."

"앞으로 가정예배가 더 길어지겠네…. 그래서 싫다는 건 아니에요!"

코로나바이러스감염증-19(이하 코로나19)로 교회 예배당에서 드리던 예배가 멈춘 날, 가정예배로 모인 네 아이가 한 말이다. 그동안 아이들에게 신앙교육을 하면서 나는 입버릇처럼 말하곤 했다.

"너희가 살아갈 시대는 믿음을 쌓기보다 지키기 위해 싸워야할 거야. 어쩌면 모여서 예배하지 못할 때가 올지도 몰라."

내가 생각한 모습과는 좀 달랐지만, 그런 시대가 이리 빨리 올 줄 몰랐다. 덕분에 평범했던 가정예배의 소중함을 깨달았고 예배를 사모하는 마음이 간절해지기도 했다.

코로나19로 한 번도 가보지 않은 길을 가면서 하나님 앞에 머무는 거룩한 습관과 신앙의 구심점이 절실했다. 비대면 환경에서도 거리두기가 어려운 대상이 가족이기에 가정이야말로 제약 없이 예배할 수 있는 곳이었다.

예배는 사람을 대면하기에 앞서 하나님의 얼굴을 구하는 시간이므로 어떤 상황에도 그분과 대면하며 언제 어디서든 예배할 수 있어야 한다고 생각한다. 감사하게도 지금은 다시 모여서 예배할 수 있는 '위드 코로나'(단계적 일상회복) 시대로 가고 있다.

사실 가정예배는 어떤 선택이나 대안이 아니다. 세대의 단절과 분리가 가정에서도 일어나고 있기 때문이다. 가족 간 스스럼없는 대화와 관계 회복, 예수님의 사랑과 은혜로 연합하는 게 무엇보다 시급하다. 지금은 하나님의 자녀로서 부르심을 알고 예배를 통해 비책이 아닌 본질을 추구해야 할 때다. 하나님은 무엇보다 예배하는 가정을 찾으시기 때문이다.

> 아버지께 참되게 예배하는 자들은 영과 진리로 예배할 때가 오나니 곧
> 이때라 아버지께서는 자기에게 이렇게 예배하는 자들을 찾으시느니라
> 요 4:23

가정은 말씀과 기도와 찬양으로 예배할 수 있는 최적의 공간이자 가장 완벽하고 안전한 곳이다. 혈연 공동체를 넘어 말씀을 소유한 언약 공동체로서 하나님을 예배하는 자리이고, 삶에 역사하시는 하나님을 인식하는 감사의 자리다.

신앙은 교육이 아닌 삶이다. 하나님이 세우신 아름다운 공동체인 가정에서 시공간을 초월해 예배자로 함께 살아내는 과정

이다. 가정예배를 '신앙교육의 꽃'이라 부르는 이유도 삶을 통해 배우는 자리이기 때문이다. 가정예배는 신앙교육에 열정적인 부모의 전유물이나 믿음의 가문에 주어지는 특권도 아니다. 남녀노소, 자녀 유무에 상관없이 예수 그리스도의 복음을 소유한 모든 가정이 마땅히 행해야 할 영적 행위다.

신앙 수준과 관계없이 사모하는 마음만 있으면 누구나 가정예배를 드릴 수 있고, 가정의 문화로 세워갈 수 있다. 그러기 위해 하루빨리 가정예배에 대한 고정관념과 무관심에서 벗어나길 바란다.

가정예배의 희로애락을 넘어

몇 년 전, CGNTV 〈아무리 바빠도 가정예배〉의 길라잡이 편에 패널로 출연했다. 총 4회에 걸쳐 가정예배의 중요성과 필요성, 예배 순서와 다양한 예배 방법을 나눴다. '실시간 랜선 예배' 라는 새로운 형식의 실천 편을 통해서는 가정예배를 드리기 어려워하는 가정에 실제적인 도움을 주기도 했다. 가정예배를 드리고 싶은데 선뜻 용기 내지 못하는 가정, 가정예배를 잠시 내려놓은 가정들을 위로하고 격려했다.

가정예배를 드리기 시작했다면 어떤 상황에서도 포기하지 말고 예배의 자리를 끝까지 지켜내길 바란다. 주님께서 그 과정을 다 보시고 중보하며 기다리신다. 많은 가정이 가정예배가 중요하고 귀한 걸 알지만, 막상 실천하려고 하면 현실의 벽에 부딪혀 고민하며 어려움을 토로한다. 하지만 그 자리를 어떻게든 지켜내면 가정에 큰 변화가 임하는 걸 본다.

물론 가정예배가 가정의 모든 문제를 해결할 수 있는 만능열쇠는 아니다. 하지만 하나님은 예배를 통해 가정의 변화를 주도

하시고 그분을 더욱 의지하는 경건한 삶으로 신실하게 인도하신다.

> 내가 전심으로 여호와께 감사하오며 주의 모든 기이한 일들을 전하리
> 이다 내가 주를 기뻐하고 즐거워하며 지존하신 주의 이름을 찬송하리니
> 시 9:1,2

이 책에는 우리 가족이 가정예배를 드리면서 경험한 많은 일이 꾸밈없이 담겨 있다. 때로는 즐거움과 기쁨이 넘쳤고, 인내하지 못한 노여움으로 힘들었고, 말로 다 할 수 없는 슬픔의 시간을 보내기도 했다.

예수님은 가정예배의 희로애락 가운데 함께하신다. 어떤 상황에서도 그분을 의지하면 예배의 자리를 지켜나갈 수 있다. 기쁨은 더하고, 노여움을 빼고, 슬픔은 나누며, 즐거움을 곱하는

희로애락의 예배로 나아갈 때 앞서 행하시는 성령의 역사를 날마다 경험할 수 있다.

가정을 작은 교회로 세우는 사명

믿음의 가정과 믿음이 없는 가정을 어떻게 구분할 수 있을까? '그 가정이 예수님을 주인으로 모시며 예배하는가'에 달려있다고 생각한다. 작은 교회인 가정은 교회의 머리 되시는 예수님을 따르고 그분께 온전히 집중된 삶을 살아야 한다.

가정은 유기적 공동체로서 복음과 진리를 지켜나가기 위해 노력하고, 성령이 하나 되게 하신 걸 힘써 지켜야 한다. 개인주의가 만연하고 공동체 의식이 점차 사라지는 이때, 가정의 모습도 별반 다르지 않다. 이 격변의 시대에 믿음의 가정이 살아남으려면 가정예배의 회복이 최우선이다.

가정에서 서로의 구원을 위해 기도하며 예배할 때 작은 교회만의 유대와 결속을 강하게 느낄 수 있다. 작은 교회로 세워진 가정의 역할은 한국교회와 연합하고 끊임없이 연계하며 복음의 사명을 감당하는 것이다.

다음세대를 깨우고 가정과 교회의 건강한 성장을 이끌 가정예배를 통해 당신의 가정이 하나의 교회로 세워지길 간절히 소망한다. 우리의 예배가 모두의 예배가 될 때까지.

삶으로 드리는 예배자로 살고픈
백은실

프롤로그

꿈꿔온
믿음의 가정

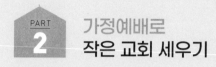

PART
2

가정예배로
작은 교회 세우기

PART
3

삶으로 드리는
예배

그들로 그들의 소망을 하나님께 두며

하나님께서 행하신 일을 잊지 아니하고

오직 그의 계명을 지켜서

그들의 조상들 곧 완고하고 패역하여

그들의 마음이 정직하지 못하며

그 심령이 하나님께 충성하지 아니하는

세대와 같이 되지 아니하게 하려 하심이로다

시 78:7,8

1

꿈꿔온
믿음의
가정

어떤 상황이든, 무슨 일을 하든,

성도일 때나 목회자 가정이 되어서도

변함없이 부르신 곳에서 가정예배의 제단을 쌓고 있다.

상황과 환경은 달라졌지만

하나님은 여전히 그 자리에서 우리와 함께하시기에

매일 그분의 뜻을 구하며 예배로 나아가고 있다.

외롭고
쓸쓸한
믿음의
1대

몰래 간 수련회

두 평 남짓한 단칸방에서 태어난, 유난히 눈동자가 까맣고 동그랗던 아이. 아버지는 내가 딸이란 이유로 사흘 동안 눈길조차 주지 않았다. 두 살 위인 오빠가 있었지만, 아들 욕심이 남달랐던 아버지에게 출생부터 환영받지 못한 것이다.

자라면서도 공부 잘하는 오빠와 잡기에 능한 나는 늘 비교 대상이었고, 모든 혜택은 오빠에게 돌아갔다. 대학 진학을 위해 재수에 삼수까지 아낌없는 지원을 받았던 오빠와 달리 나는 스스로 학원비를 벌어가며 미대 입시를 치렀다. 서운했지만 부조리하다는 생각은 못 하고 자랐다. 환경에 적응하며 악착같이 살아내는 법을 이때부터 훈련받은 게 아닌가 싶다.

초등학교 때는 여러 교회를 구경삼아 다녔다. 한 선생님의 끈질긴 권유로 한 교회에 오래 다니기도 했지만, 새신자 선물을 받기 위해 이리저리 옮겨 다니곤 했다. 당시 교회는 내 유일한 놀이터이자 문화생활 공간일 뿐이었다.

그러다 중학교 1학년 때 교회에 열심히 다니는 친구와 짝이 되었다. 학교 수업을 마치면 교회에 간다는 친구의 말에 호기심이 일었다. 그래서 학교 가는 길목에 있던 그 교회를 눈여겨 보던 어느 날, 친구에게 고백 아닌 고백을 했다.

"짝지야, 네가 다니는 교회에 날 좀 데려가 줘."

"정말? 이번 주부터 같이 갈래?"

그렇게 신앙의 첫발을 내딛으며 우리 가정의 복음의 첫 열매로 부름을 받았다. 내가 먼저 교회 문을 두드렸지만 그것은 분명 날 지명하여 불러주신 성령의 인도하심이었음을 안다.

네가 물 가운데로 지날 때에 내가 너와 함께할 것이라 강을 건널 때에 물이 너를 침몰하지 못할 것이며 네가 불 가운데로 지날 때에 타지도 아니할 것이요 불꽃이 너를 사르지도 못하리니 대저 나는 여호와 네 하나님이요 이스라엘의 거룩한 이요 네 구원자임이라 내가 애굽을 너의 속량물로, 구스와 스바를 너를 대신하여 주었노라 사 43:2,3

"은실아, 아버님이 찾으신대. 얼른 전화해 봐."

중고등부 수련회에 참석해 예배를 기다리고 있는데 전도사님이 다급하게 소식을 전해주었다. 지방으로 며칠 동안 수련회를 온 게 화근이었다. 애써 침착한 척했지만 요동치는 심장 소리가 주위에 들릴 것만 같았다. 하지만 아버지의 폭언을 듣고 마음이 상한 채 저녁예배를 드리고 싶지 않았다. 그래서 나는 수화기를 그냥 내려놓았다.

얼굴에는 그늘이 드리웠지만 '도망자 신분'으로 드린 예배는 더 뜨거웠고 간절한 죄인의 모습으로 엎드렸다. 은혜 가운데 눈물 콧물을 다 쏟고 나서 집에 전화를 했다. 그리고 떨리는 목소리로 조심스럽게 입을 뗐다.

"여보세요…."

"이노무 가시나가 말도 없이 수련회를 가? 집에 오기만 하면 머리카락을 싹 다 자르고 다리 몽둥이를 부러뜨릴 끼다. 앞으로 절대 교회 못 가는 줄 알아라!"

"…."

'수련회 간다고 분명히 말했는데….'

은혜받은 후여서인지 아버지의 불호령에 마음이 덤덤했다. 그날 밤 근심 어린 얼굴은 달빛으로 가리고 차오르는 눈물은 별빛에 흘려보냈다. 수련회 마칠 즈음까지 초조함이나 불안한 마음이 들지 않고 오히려 평안했다.

하지만 모든 일정을 마치고 집으로 가는 길에는 마치 도살장에 끌려가는 어린 양 같은 심정이었다. 아버지가 무섭기도 했지만 앞으로 교회를 못 다니게 될까 봐 걱정이 앞섰다. '죽으면 죽으리라'는 각오로 별일이 없기만을 기도했다.

집 안은 쥐 죽은 듯 조용했다. 감사하게도 부모님은 그날 밤늦게 귀가했고 염려했던 일은 일어나지 않았다(이후로도 하나님은 매년 내 머리카락과 다리를 온전히 보호해주셨다). 도망자를 지켜주시는 하나님을 몇 번 더 경험하고 나니 내 안에 두려움이 싹 사라졌다. 점점 더 담대하게 믿음을 지키며 싸워나갈 용기와 강단이 생겼다.

그래도 아침 일찍부터 밤늦게까지 교회에 있던 날이면 도둑고양이처럼 귀가했고 수련회 기간이면 어김없이 도망자 신세가 되었다. 홀로 믿음 생활을 하며 보내는 내 청소년기는 정말 녹록지 않았다.

하지만 하나님께서 어떤 상황에도 눈동자같이 지켜주시며 주일성수를 할 수 있도록 도와주셨다. 이사야서 말씀으로 약속해주신 것처럼 물 가운데로 지날 때 함께해주셨고, 강을 건널 때도 침몰하지 않게 하셨고, 불 가운데로 지날 때도 불꽃이 사르지 못하도록 그분의 날개 아래 품어주셨기에 믿음이 날로 성장할 수 있었다.

야곱아 너를 창조하신 여호와께서 지금 말씀하시느니라 이스라엘아 너를 지으신 이가 말씀하시느니라 너는 두려워하지 말라 내가 너를 구속하였고 내가 너를 지명하여 불렀나니 너는 내 것이라 네가 물 가운데로 지날 때에 내가 너와 함께할 것이라 강을 건널 때에 물이 너를 침몰하지 못할 것이며 네가 불 가운데로 지날 때에 타지도 아니할 것이요 불꽃이 너를 사르지도 못하리니 사 43:1,2

집안 말아먹을 아이

유난히 높고 파란 하늘 덕분에 하굣길이 행복했던 어느 가을날, 콧노래를 부르며 가벼운 발걸음으로 집으로 향했다. 그런데 엘리베이터를 타고 올라가는데 평소에 들어보지 못한 소리가 어렴풋이 들리더니 한 층씩 올라갈 때마다 점점 선명해졌다.

엘리베이터 문이 열리고 집에 가보니 활짝 열린 현관문 앞에 낯선 신발이 가득 놓여있었다. 조심스레 집 안에 들어선 순간 나는 그 자리에 얼어붙은 듯 서있을 수밖에 없었다.

승복 같은 걸 입은 사람이 오빠의 몸을 광목천으로 둘둘 감아 형형색색 깃발로 쓸어내렸고, 징 소리에 맞춰 알아들을 수 없는 말로 빌고 또 빌었다. 나는 간신히 입을 열었다.

"지금 우리 집에서 뭐 하시는 거예요?"

"오빠가 대학에 떨어진 이유가 돌아가신 할머니가 앞길을 막아서 그런 거래. 그걸 풀어주려는 거야."

몸이 묶인 채 멀뚱하게 쳐다보던 오빠, 안절부절못하며 그

옆을 지키고 있는 엄마를 보니 어처구니가 없었다. 그가 오빠를 풀어주고는 여러 깃발 중 하나를 뽑게 했다. 오빠가 태극기를 뽑자 올해는 꼭 합격한다고 호언장담하는 그의 말에 모두가 환호하며 기뻐했다.

알고 보니 이 일의 주동자는 둘째 고모였다. 내 블랙리스트에 처음이자 마지막으로 올라간 요주의 인물이었다. 칠남매 중 셋째였던 고모는 형제들에게 불교와 샤머니즘의 중간쯤 걸친 종교를 전했다. 무교였던 가족 대부분이 그런 고모를 따랐다.

그 광경을 보고 차마 말로 표현할 수 없는 감정이 북받쳤다. 나는 사람들을 가로질러 가서 방문을 쾅 소리가 나게 닫고 들어갔다. 그때 내가 할 수 있는 일은 찬양을 크게 틀고 숨을 고르는 것뿐이었다. TV에서만 보던 광경을 집 거실에서 목격하니 속상함을 넘어 화가 치밀었다.

일부러 볼륨을 최대로 높이고 찬양을 힘차게 따라 불렀다. 바깥의 징과 방울 소리, 내 방의 찬양 소리가 뒤섞여 불협화음을 이루었다. 그런데 잠시 후 방문이 벌컥 열리더니 사람들이 들어와 내 몸을 형형색색 천으로 감쌌다. 난 고래고래 소리를 지르며 뿌리쳤다.

"나한테 왜 이러는 거예요? 이런 걸 한다고 오빠가 합격할 것 같아요? 이것 때문에 또 떨어질 거예요!"

그러자 따라 들어온 고모가 말했다.

"저년이 집안 말아먹을 가시나요. 더 단단히 묶어서 이번 기회에 완전히 기를 빼소."

나는 어른 셋이 감당할 수 없을 만큼 광인처럼 몸부림치며 소리를 질렀다. 그때 작게 떨리는 엄마의 목소리가 들렸다.

"은실이는 예수 믿고 교회 다니니까 그냥 내버려 두세요."

사람들 사이에 당황해하며 서 있는 엄마가 보였다. 그때까지 난 엄마에게 반항 한번 한 적 없는 살갑고 착한 딸이었기에 내 모습을 보고 적잖이 충격을 받은 것 같았다. 잠시 정적이 흘렀고, 굿을 하던 자가 저주하듯 깃발로 내 머리를 내리치고는 나가버렸다.

"에잇! 나쁜 것 같으니라고! 조그만 게 힘이 엄청나네."

나는 그제야 넋이 나간 듯 눈물을 쏟았다. 너무나 애통했다. 믿었던 엄마가 고모 손아귀에 넘어갔다고 생각하니 억장이 무너졌고, 똑똑한 오빠의 동참도 믿기지 않았다. 그날은 가족의 배신과 충격에 잠을 이룰 수 없었다. 내게 욕하며 저주했던 고모에 대한 미움이 단단한 결심으로 바뀌었다.

'두고 보세요. 내 덕에 우리 집안이 살아나는 걸 꼭 보게 될 테니!'

내가 홧김에 던진 말 때문인지 오빠는 그해에도 입시에 실패했고, 고모는 건강이 나빠져서 치료를 위해 이곳저곳을 전

전했다. 하지만 감사하게도 말년에 예수님을 믿고 천국에 가셨다. 이후 내 블랙리스트에서는 지워졌지만 고모의 믿지 않는 남은 가족을 생각하니 그리 기쁘지만은 않았다. 고모가 회심 후 간증하며 가족에게 용서를 구하고 전도를 했다면 얼마나 좋았을까.

30년 전 일이지만 지금도 생생하다. 홀로 외롭게 신앙을 지키면서도 내가 믿음을 저버리면 우리 가족의 미래가 불 보듯 뻔했기에 예수님에게 매달릴 수밖에 없었다. 내 눈물과 애통함을 외면치 않고 복음의 통로로 삼아주신 주님은 밟고 밟아도 일어나는 잡초 같은 존재로 나를 강하게 이끄셨다.

은혜로운 나만의 예배

지금까지 신앙 여정 가운데 수많은 은혜와 간증을 주셨지만, 청년 시절 하와이 열방대학에서 제자훈련 가운데 받은 은혜는 더욱 특별하다. 그곳에서 하나님의 사랑을 확증해주셨고 믿음의 가정에 대한 소망을 회복하시며 남편도 만나게 해주셨기 때문이다.

"십 대에 꿈을 꾸고 이십 대에 준비해서 삼십 대에 영향력을 미치는 사람이 돼라"라고 한 어느 선교사님의 말씀이 이십 대 끝자락의 나를 움직였다. 그래서 잘 다니던 회사를 그만두고 하와이 열방대학에 제자훈련을 받으러 가기로 했다. 열심히 일하던 디자이너가 돌연 퇴사한다니 회사도 발칵 뒤집혔다. 이미 열방대학으로부터 학생비자를 발급받기 위한 서류가 도착한 뒤였다.

필요한 서류를 챙겨서 비자 신청을 했는데 결과는 '거절'이었다. 디자이너가 왜 갑자기 미션 스쿨에 가냐고 묻던 영사에게 소신 있는 답을 했건만 옆에 있던 통역사가 더 탐탁지 않은 표정으로 고개를 저었다. 당시는 젊은 여자가 어떤 연고나 특별한 사유 없이 미국 비자를 받는 일이 쉽지 않았다.

포기와 도전 사이에서 하나님이 마지막까지 내 믿음을 테스트하신다는 생각이 들었다. 벼랑 끝에 서는 용기가 필요했다. 여행사는 한 번 거절당하면 비자 발급이 어렵다는 말만 되풀이했고, 회사 실장님은 만약 비자가 나오면 매달 하와이로 한국 음식을 보내겠다는 공약까지 내걸었다. 그만큼 비자 발급은 넘기 어려운 산처럼 보였다.

그러나 벼랑 끝에 섰으니 주님께 내 믿음을 보이고 싶었다. 주위의 만류에도 다시 비자를 신청하고 하와이행 비행기 표를 예약했다. 크리스천이었던 사장님은 내가 제자훈련을 받는 동안 책상의 볼펜 한 자루도 건드리지 않고 기다리겠다며 격려해주었다. 하지만 주님은 좀처럼 응답이 없으셨다. 출국 날짜가 다가올수록 점점 '포기'로 마음이 기울었다.

그러다 출국 사흘 전 가까스로 비자가 나왔다. 주님께서 눈앞에 기적을 보여주셨다. 내 모든 삶을 내려놓고 제자의 삶을 선택했을 때 닫힌 길을 열어주신 은혜에 감격이 되었다. 주변 사람들에게도 살아계신 하나님을 증거할 수 있어 감사했다.

그렇게 도착한 하와이의 모든 걸 담기에는 내 그릇이 너무 작았다. 사람들은 하와이를 '구백구십구당'이라고 불렀다. 천당보다 조금 덜 아름다운 곳이라고. 정말 그만큼 아름다웠다. 학교에 도착하자마자 짐을 내려놓고 첫 기도를 드렸다. 하염없는 눈물과 감사가 터져 나왔다.

매일 제자훈련 강의와 예배를 통해 주님과 독대하며 회복의 시간을 가졌다. 그러던 어느 날, 소그룹 간사님이 자신만의 오랜 예배 처소를 소개하며 그곳이 나만의 예배 공간이 되길 바란다고 했다. 학교와 도심을 벗어나 인적이 드문 샛길에서 만난 그곳은 황홀함 그 자체였다. 빛을 받아 끝없이 일렁이는 에메랄드빛 바다와 큰 날갯짓으로 해변을 덮는 새하얀 파도, 보석처럼 반짝이는 모래알과 붉게 물들어 가는 아름다운 석양은 주님의 따뜻한 위로이자 강렬한 사랑이었다.

그곳은 매일 특별한 전시회를 볼 수 있는 내 '비밀의 방'이 되었다. 하나님은 문을 열고 들어갈 때마다 상상할 수 없는 은혜를 부어주시며 성령의 임재 가운데 초대해주셨다. 자연에서도 하나님의 임재와 사랑을 충만하게 경험할 수 있음을 알려준, 하늘 문이 열리고 은혜의 빛줄기가 쏟아지던 그곳이 지상천국이었다.

파도 소리를 배경 음악 삼아 몇 시간 동안 그 자리에 앉아서 주님을 묵상하기도 하고, 찬양을 목청껏 부르며 말씀과 기도로 주님과 만나는 나의 골방이자 세상에서 가장 아름다운 교회였다.

찰스 스펄전 목사님이 '적막과 폭풍우에서 만날 수 있는 하나님'을 말한 것처럼 새하얀 파도가 밀려올 때마다 주님의 크신 영광이 나를 덮는 것만 같았다. 하나님은 어디에서나 그분의 광활함을 드러내시며 만물이 창조주를 찬양하고 있음을 보게 하셨다.

또한 왜곡되었던 하나님을 향한 사랑을 바로 잡아주시며 변함없는 그 사랑을 알게 해주셨다. 믿음의 가정에 대한 소망을 부어주시며 죄인인 나를 성결하고 정결한 신부로 맞아주셨다(그 은혜의 기록이 지금은 열방대학 땅속 깊이 숨겨둔 타임캡슐에 남아있다). 가끔은 그때 그 평온하고 따스했던 나만의 예배가 그리울 때도 있지만, 시공간을 초월해 편재(遍在)하시는 하나님의 은혜와 사랑이 내 삶에 변함없이 역사하고 계심을 느낀다.

이는 물이 바다를 덮음같이 여호와의 영광을 인정하는 것이 세상에 가

득함이니라 합 2:14

02

예배로
세우신
가정

어쩌다 가정예배

하와이 열방대학에서 은혜롭게 제자훈련을 마친 뒤 3개월 간 중국에서 아웃리치(outreach)를 이어갔다. 미국에서 온 학생 신분으로 중국 전역을 돌아다니며 문화선교에 힘썼다. 사물놀이, 훌라 댄스, 워십 댄스, 연극에 복음을 담아 전했고 중국 지역 TV에 소개되기도 했다. 또 도움이 필요한 곳을 찾아가 시설 보수와 페인팅 작업 등으로 섬겼다.

특히 연길에서 지하교회 탈북자들과 만나 북한 땅을 바라보며 함께 기도했다. 공안을 피해 예배드리며 그 땅에 주님의 통치가 임하길 간절히 소망했다. 대륙을 종횡무진 다니다 보니 사흘 밤낮을 좁은 기차 안에서 보내기도 했다. 그 안에서 할 수 있는 일이 많지 않아 주로 책과 성경을 읽거나 사람들과 대화를 나누고 보드게임을 했다.

그런데 매일 저녁, 동화 같은 장면이 눈앞에 펼쳐졌다. 어린 아이들과 좁은 기차 안에서 행복하게 예배드리는 한 목사님 가정의 모습이었다. 제자훈련에 참여하기 위해 캐나다에서 온 아모스 목사님 가정이었다. 어린 두 딸과 예배드리는 모습은 마치 입체 동화책을 펼친 듯 예쁘고 따뜻했다. 아이들을 품에 안고 성경을 읽어주고 작은 목소리로 찬양하며 기도하는 모습은 정말 아름다웠다. 나는 설레는 마음으로 지켜보며 믿음의 가정을 이루고픈 소망을 품었다.

결혼 전, 남편과 믿음의 가정에 대한 청사진을 많이 그렸다. 해보고 싶은 게 많아서 다양한 책을 읽고 나누며 준비했다. 하지만 신혼 때 야심 차게 시작한 가정예배는 얼마 가지 않아 흐지부지해졌고 한 달에 한두 번 드리는 것으로 그쳤다. 믿음의 가정을 깊이 소망하고 갈망했지만, 지적(知的) 동의가 삶으로 이어지지는 못했다.

첫아이가 태어나고 육아에 전념하며 신앙훈련과 믿음의 성장을 갈구하는 게 사치인 것만 같았다. 마치 인생의 한 페이지가 찢겨나간 것처럼 내가 없는 삶을 살았다. 그러다 303비전성경암송학교를 만나면서 가정예배 훈련을 본격적으로 받았다.

하지만 암송학교 숙제로 시작한 '자녀 주도 가정예배'는 생각처럼 쉽지 않았다. 첫 예배는 나 혼자 북 치고 장구 치는 예배로 끝났다. 당시 남편과 주말부부로 지내느라 16개월인 첫째는 자리만 지킬 뿐 예배를 숙제하듯 하루하루 채워나갔다. 그런데 시간이 갈수록 더 이상 숙제나 의무가 아니었다. 아이와 함께하는 예배에 임하시는 주님의 은혜가 컸기에 기대하는 마음으로 그 시간을 기다렸다.

"아멘"만 따라 하던 아이도 점차 예배자로 든든하게 그 자리를 지켜주었다. 나 자신이 예배를 사모하며 성장하는 시간이었고 아이가 동역자가 되었다. 남편이 함께하는 날은 온 가족이 드리는 풍성한 예배로, 평일은 모자만의 예배를 드렸다. 익숙하지 않은 일 앞에서 주저했지만 개척자 정신으로 정면돌파하다 보니 어느덧 여섯 식구가 된 우리 가정은 은혜의 자리에 서게 되었다.

가정예배로 치유되는 가족의 상처

하루는 가정예배에 대한 아이들의 생각을 듣고 싶었다.

"얘들아, 아빠 엄마가 왜 가정예배를 중요하게 여기는 것 같니?"

"가정예배는 믿음의 가정을 이루는 마침표니까요."

"복음이 우리 가정의 문화가 되기를 바라는 마음에서요."

"하나님과 만남의 시작이니까요."

"하나님 말씀을 더 알고, 더 사랑하며 기도하기 위해서요."

아이들의 거침없는 대답이 기특하고 대견했다. 16년째 드려온 가정예배의 결실이라는 생각에 하나님께 감사했다. 또 지금껏 예배의 자리를 지켜준 아이들이 고마웠다.

만일 여호와를 섬기는 것이 너희에게 좋지 않게 보이거든 너희 조상들이 강 저쪽에서 섬기던 신들이든지 또는 너희가 거주하는 땅에 있는 아모리 족속의 신들이든지 너희가 섬길 자를 오늘 택하라 오직 나와 내 집은 여호와를 섬기겠노라 하니 수 24:15

지금은 양가에 평온이 찾아왔지만 우리 부부는 성장 과정 중에 수많은 상처와 아픔을 겪었다. 가정사를 드러내는 게 더는 부끄럽지 않은 건 모든 상황 가운데 주님이 함께하셨고 그로 인해 남편과 내가 주님만 의지하게 되었기 때문이다.

우리 가정의 불화는 늘 친정아버지의 술 문제로 시작되었다. 아버지는 인생의 희로애락을 술로 해결하며 밤새 일장 연설로 가족을 괴롭혔다. 술을 마신 날과 그렇지 않은 날은 완전히 다른 모습이었다. 평소엔 말이 없다가 술의 힘을 빌려 많은 말을 쏟아냈고, 어떤 일이 자기 생각에 맞지 않으면 몇 달이든 반복해서 말했다.

아버지가 술을 마신 날은 가족 모두 긴장 상태로 알아서 거리를 두었지만, 이런 장인을 남편은 존경했다. 오히려 아버지가 외로워 보인다며 반복하는 아버지의 말을 경청하곤 했다.

"그래도 아버님은 성실하시잖아. 술 좋아하는 분이 평생 직장생활 하시는 게 쉽지 않아. 우리 아버지에 비하면 아버님은 양반이시지."

그랬다. 아버지는 밤새 술을 마셔도 다음날 출근은 꼭 할 정도로 의지와 생활력이 강했다. 하지만 시아버님은 가족 부양은 차치하고 술에 취하면 어머님에게 폭력도 행사했다고 한다. 그러다 남편이 고등학교 1학년 때 세상을 떠났고 어머님이 사 남매를 홀로 키워냈다. 남편과 나는 불행한 가정의 모습에 환멸을 느끼며 행복한 가정의 모습은 드라마에서나 볼 수 있는 일이라고 여겼다.

하와이 열방대학에서 남편을 처음 만났을 때, 사실 서로의 이상형은 아니었다. 그런데 믿음의 1대로 겪는 고충, 불우한 가정에서 불안한 청소년기를 보낸 이야기를 나누다 보니 마음이 통했다. 남편은 청년 때 '사찰 집사'라는 별명을 얻을 만큼 교회를 사랑하며 교회에서 기도하는 걸 좋아했다고 한다. 그에겐 교회가 평안한 안식처이자 기도 처소여서 가정의 모든 어려움을 교회에서 기도함으로 견뎌낼 수 있었다고 했다.

우리의 작은 소망은 주님이 기뻐하시는 아름다운 믿음의 가정을 이루는 거였다. 하지만 꿈꿔온 가정의 모습은 마음먹은 대로 그려지지 않았다. 치열한 영적 전쟁을 치르며 믿음으로 쟁취해야 할 개척지였다. 예수님을 주인으로 모시는 가정을 경험하지 못했기에 가정을 믿음의 반석 위에 짓는 일부터 시작했다. 하나님의 질서대로 집안의 기둥을 세우고 부모의 사명과 역할을 말씀 가운데 하나씩 익혀갔다.

그리스도 안에서 행복한 가정의 정의를 모른 채 기초부터 하나씩 쌓아 올리는 과정은 쉽지 않았다. 개척자의 삶은 고독하고 외로웠지만, 본질을 향한 열정은 뜨거운 에너지가 되어주었다. 혹시라도 무심결에 보고 자란 좋지 않은 영향력이 서로에게 투영될까 봐 '행복한 부부, 좋은 부모'가 되기 위해 치열하게 노력하며 몸부림쳤다.

좋은 남편과 아버지가 되려는 남편의 노력은 여전히 진행형이다. 육신의 아버지에게 받지 못한 부분을 하늘 아버지의 사랑으로 메울 수 있었다고 고백하며, 그분을 닮은 아버지가 되기 위해 자신을 몰아세우는 걸 보면 안쓰럽기도 하다. 때로 남편은 밥을 먹다가도 남몰래 눈물을 삼키곤 한다. 어린 시절에 가족과 함께 식사한 기억이 별로 없기 때문이다.

아이들도 그 눈물의 의미를 알고 평범한 일상에서 감사를 배운다. 담소를 나누며 식사하고 가정예배를 드리며 행복을 느낄 때 받은 은혜가 커서 감격한다. 마라의 쓴 물을 단물로 바꾸신 것처럼 쓴 물 같던 우리 삶이 십자가 은혜로 단물이 되었다. 복음의 생명수를 마시는 가정, 오직 믿음으로 예수님을 섬기는 가정이 될 수 있도록 인도해주신 하나님께 감사한다.

가정은 천국의 축소판이라는 말이 있다. 사랑과 위로, 행복과 소망이 있는 곳이기 때문이다. 가난하든 부유하든 서로 얼굴을 마주하며 기쁘고 즐겁게 교제하고, 일상의 은혜와 감사를 나누며 허물을 용납하고 용서하는 곳이 하나님을 예배하는 가정의 모습이다. 그래서 우리는 앞으로도 가정예배를 미치도록 사모할 것이다.

이유는 단 하나, 그리스도 안에서 행복한 가정을 이루기 위해서다. 지금까지 아이들에게 말씀을 심고 예배가 삶의 일부가 되기를 기도하며, 날마다 아이들을 복음의 자리로 초대한 것도 내가 만난 예수님을 가장 빠르게 소개할 방법이기 때문이다.

신앙 개척 세대로 험한 풍파를 이겨낸 수고는 우리 부부로 족하다. 이미 우리는 예수님의 사랑과 복음의 능력을 경험했기에 자녀들에게도 그 사랑을 알게 하고 싶다. 진정한 행복은 그리스도 안에서 거룩을 추구하는 가정에 있음을.

하나님만 의지하는 가정, 주님의 사랑을 실천하는 가정, 믿음의 본을 보이는 가정, 하늘의 것을 사모하며 주님 뜻에 순종하는 가정을 이루어 예수 그리스도 안에서 영원토록 행복하게 살고 싶다.

눈물 어린 부부예배

하루는 특별새벽기도회로 새벽잠을 설친 탓인지 수요예배를 드리고 돌아오는 차 안에서 아이들이 잠이 들었다. 집에 돌아와 아이들을 재우고 남편과 오붓하게 가정예배를 드렸다. 생각해보니 신혼 때 이후 처음이었다. 늘 아이들과 함께 하다 보니 둘만의 예배가 허전하고 어색하기까지 했다.

마주 앉아 찬양하는데 쑥스러워서 눈을 마주치지 못하고 멋쩍게 웃었다. 우리의 친밀함이 예배 때는 무용지물이었다. 나는 생각했다.

'같이 산 세월이 얼만데 쑥스러워하는 모습이라니. 아이들이 그동안 참 큰일을 했구나.'

가까스로 찬송을 부르고 기도로 예배를 이어나갔다. 남편과 두 손을 맞잡고 기도를 하는데 마음 깊은 곳에서 감사의 눈물이 뜨겁게 차올랐다.

'내가 뭐라고 이런 은혜를 주시나…. 내가 뭐라고.'

지나온 믿음의 여정을 생각하니 어느 것 하나 은혜 아닌 게 없었다. 믿음의 가정으로 세우시고 신실하게 인도하신 주님의 은혜가 주체할 수 없는 감격으로 다가왔다. 어색했던 분위기는 이내 사라지고 부어주시는 마음과 의식의 흐름대로 감사와 찬양의 기도를 마음껏 올려드렸다. 눈물과 콧물로 범벅이 된 얼굴을 들어보니 남편의 눈가도 촉촉이 젖어 있었다. 남편은 아무 말 없이 나를 꼭 안아주었다.

시편 말씀으로 하나님을 찬양하고 싶은 마음에 시편 8편을 한 절씩 돌아가며 암송했다. 이어서 시편 23편, 1편, 100편을 고백하는데 목이 메어 소리내기조차 버거웠다. 그렇게 눈물로 말씀을 선포하고 감사와 찬양을 드리며 하나님의 이름을 높여드렸다.

쑥스러움과 어색함 가운데 시작된 우리 부부의 예배가 성령의 감동에 사로잡혀 서로 눈물을 닦아주는 것으로 끝이 났다. 아이들의 빈자리가 놀라운 하나님의 은혜로 채워지는 시간이었다.

우리 부부는 평소 잠들기 전에 하루를 돌아보며 많은 이야기를 나눈다. 주로 아이들 이야기지만 서로의 모습을 돌아보며 소통한다. 감동이 올 때마다 기도 제목을 나누고 손을 마주 잡는다. 남편의 인도로 드리는 짧은 기도회지만 넘치는 기쁨과 감사로, 때로는 애통하는 마음으로 임한다.

이것이 18년 동안 변함없는 부부 사이 비결이다. 가정의 제사장으로서 어디서든 예배의 제단을 쌓는 남편이 늘 존경스럽다. 그와 기도의 손을 잡으면 마음 한구석이 저리곤 한다. 말하지 않아도 서로를 가장 잘 아는 우리에게 같은 마음을 주시는 주님의 은혜이다. 우리 부부가 맞잡은 손을 주님의 손에 살포시 포갠다. 부부로, 부모로, 동역자로 동행하며 주님이 오시는 그날까지 그분을 위해 살고 싶다.

이러므로 남자가 부모를 떠나 그의 아내와 합하여 둘이 한 몸을 이룰지
로다 창 2:24

성령 안에서 누리는 부부의 연합과 일치를 예배 중에 경험해 보길 바란다. 부부가 두 손을 맞잡을 때 교회의 머리 되시는 그리스도께서 친히 이끄시는 가정이 될 것이다.

두세 사람이 내 이름으로 모인 곳에는 나도 그들 중에 있느니라
마 18:20

예배 위에 선 가정

우리가 결혼을 준비할 때부터 하나님은 믿음의 가정을 세우시기 위해 많은 은혜를 부어주셨다. 굳건한 믿음과 좋은 성품 말고는 가진 것 없는 학생이었던 남편과의 결혼 승낙을 받은 것 자체가 기적이었다. 남편은 가끔 내게 이야기하곤 한다.

"두 분은 뭘 믿고 나한테 귀한 딸을 주셨을까? 사랑이가 나 같은 조건의 남자랑 결혼한다고 하면 난 엄청나게 고민하거나 허락 안 해줄 것 같은데. 두 분의 눈을 가리신 건 전적인 하나님의 은혜야."

사실 믿지 않는 부모님에게 믿음과 성품만으로 어필하는 게 쉽지는 않았다. 하지만 부모님은 남편의 진면모를 보았고 흔쾌히 사위로 맞아주었다. 처음부터 사위라는 말 대신 '둘째 아들' 또는 친근하게 '동이'라고 불렀고, 남편도 우리 부모님에게 어머님, 아버님이라고 살갑게 부르며 친밀한 관계로 발전했다.

이어진 응답은 교회에서 드린 결혼식이었다. 양가가 불신 가정이었음에도 결혼예배를 드릴 수 있었던 것이 기적이자 은혜였다. 결혼예배를 통해 가족들이 복음을 받아들이길 간절히 소망했다. 부모님을 떠나는 슬픔보다 예배 자리에 처음으로 앉으신 모습이 감격스러워 기쁨과 행복의 눈물을 흘렸다. 모든 순서가 은혜였고 많은 사람에게 축하와 축복을 받았다.

청첩장도 광고 디자이너의 이력을 살려 직접 디자인했다. 열두 페이지의 특별한 청첩장에 초대 말씀을 시작으로 만남부터 결혼까지의 짧은 스토리, 새로 시작하는 가정의 기도 제목, 마지막 페이지는 복음을 담은 사영리 일러스트로 장식했다.

불특정 다수에게 전해질 청첩장에 복음을 전하는 것이 목표였고, 동역자들에겐 그냥 보고 버리지 않는 기도 카드가 되도록 디자인했다. 청첩장을 받은 사람들은 독특한 디자인에 관심을 보이며 자세히 살펴보았다. 감사하게도 전도 청첩장 작전은 성공이었다.

물론 어려움도 있었다. 결혼을 한 달 앞둔 시점에 별안간 나는 이별을 고했다. 시간이 갈수록 결혼과 미래에 대한 확신이 들지 않고 불안했다. 하지만 그 위기의 때에 지금의 남편이 기도로 인내하며 기다려주었다. 믿음의 가정에 소망을 품고 기도할 때 먹구름이 걷히고 밝은 햇살이 스며들었고, 주님은 따스하게 우리 가정을 인도해주셨다.

그렇게 우리 부부는 삼일절에 "할렐루야!"를 외치며 독립했다. 결혼예배를 마치고 첫날밤 호텔 바닥에 앉아 두 손 잡고 드린 첫 예배. 믿음의 가정으로 세워주신 그날의 감격과 감사를 어찌 잊을까.

하나님은 부족한 우리 가정을 긍휼히 여기시고 예배 위에 선 가정으로 세워가셨다. 청첩장에 기록한 첫 번째 기도 제목이 하나님께 영광 돌리는 가정이 되는 거였다. 황무지 같은 우리 가정을 일구시고 예배의 씨앗을 뿌려주신 하나님. 아무것도 나지 않을 것 같은 척박한 땅에 은혜의 단비를 내려주시고 사랑의 햇살을 가득 비춰주셨다.

때로는 비바람에 흔들리는 날도 있었고, 한파를 견뎌내야 하는 어려운 시기도 지났지만, 하나님은 정확한 때에 예배의 싹을 틔우시고 은혜의 꽃을 피우게 하셨다. 매일 가정예배를 드리며 그분께 영광 돌리는 삶으로 인도해주시니 감사할 따름이다.

네 집 안방에 있는 네 아내는 결실한 포도나무 같으며 네 식탁에 둘러앉은 자식들은 어린 감람나무 같으리로다 여호와를 경외하는 자는 이같이 복을 얻으리로다 여호와께서 시온에서 네게 복을 주실지어다 너는 평생에 예루살렘의 번영을 보며 네 자식의 자식을 볼지어다 이스라엘에게 평강이 있을지로다 시 128:3-6

아이들과 시편 128편을 암송할 때마다 이런 가정이 되길 소망하며 선포한다. 식탁에 둘러앉아 예배드리는 아이들을 보며 결실한 포도나무 같은 아내가 되기를 결단하고 하나님을 더욱 경외하는 가정이 되기를 믿음으로 고백한다.

여호와를 경외하며 그의 길을 걷는 자마다 복이 있도다 네가 네 손이 수
고한 대로 먹을 것이라 네가 복되고 형통하리로다 시 128:1,2

사모하는 마음으로 매일 예배를 드렸고, 그렇게 하루하루
살다 보니 오늘에 이르렀다. 가정예배로 녹여낸 16년이라는
세월이 길다면 길고 짧다면 짧겠지만, 적어도 우리 가정은 항
상 감사함으로 모였다.

부족한 가정을 주님의 뜻 가운데 예배 위에 선 가정으로 세
워주셨으니 여호와를 경외하며 그분의 길을 계속해서 걸어갈
것이다. 꿈꾸던 믿음의 가정이 대를 이어 자식의 자식을 볼 때
까지. 할렐루야!

부르신 곳에서

여호와께서 아브람에게 이르시되 너는 너의 고향과 친척과 아버지의
집을 떠나 내가 네게 보여줄 땅으로 가라 내가 너로 큰 민족을 이루고
네게 복을 주어 네 이름을 창대하게 하리니 너는 복이 될지라 너를 축복
하는 자에게는 내가 복을 내리고 너를 저주하는 자에게는 내가 저주하
리니 땅의 모든 족속이 너로 말미암아 복을 얻을 것이라 하신지라 이에
아브람이 여호와의 말씀을 따라갔고 롯도 그와 함께 갔으며 아브람이

몇 년 전 남편이 신대원에 가려는 결정을 앞두고 기도할 때 하나님께 응답받은 말씀이다.

여느 날처럼 가정예배를 드리며 우리의 앞길을 두고 주님의 뜻을 구했다. 그런데 첫째 조이가 예배를 인도하면서 "아버지도 목사님이 되면 좋겠어요"라고 뜬금없는 말을 하더니 창세기 12장을 암송하자고 했다.

당시는 이것이 무엇을 의미하는지 몰랐다. 그런데 남편이 나중에 말하길 하나님께 응답을 받은 후에 가정예배 가운데 아이들의 입술을 통해 한 번 더 응답해주시길 기도했다고 한다. 그런 상황을 전혀 모르는 아이를 통해 하나님이 말씀하신 것이었다. 그렇게 남편은 세 아이를 둔 늦은 나이에 하나님의 부르심을 받았다.

그런데 신기하게도 신대원 졸업예배 때 말씀 또한 창세기 12장이었다. 확실한 말씀으로 하나님의 뜻을 확인해주시는 섭리가 감사했다. 사실 오래전부터 많은 사람이 남편에게 신학을 하라고 권했다. 이에 남편도 청년 시절 학문으로서 신학을 공부해보고 싶었다고 말했지만 그 길은 아무나 갈 수 없는 길이라며 강하게 부정해왔다.

나 역시 사모의 자리를 한 번도 생각해본 적이 없었기에 우리 일이 아닌 것처럼 회피했다.

"형동아, 왜 이렇게 말을 못 알아듣니? 은실아, 남편이 못 알아들으면 너라도 알아들어야 할 것 아니니? 더는 피하지 말고 기도하고 결단해!"

남편과 형제처럼 지내는 한 목사님의 강한 권면에 더는 모른 척할 수 없었다. 하지만 남편은 그런 특별한 소명이 있다면 하나님께서 직접 말씀하실 거라며 주위의 권면에 손사래를 쳤다. 당시 남편은 강릉시립교향악단의 상임단원이었는데 서울에 오면서 하나님이 새로운 비전을 부어주시길 기도하고 있었다.

남편은 음악 교사와 연주자의 길이 막히자 목회자가 되는 게 하나님의 뜻이라면 확실히 응답해주시기를 구했다. 그래서 우리는 가정예배 가운데 이를 두고 함께 기도하기 시작했다.

그러던 중 친정어머니의 환갑을 맞아 태국으로 가족 여행을 떠났다. 그런데 예기치 않게 현지에서 우리 가족 외에 모녀로 보이는 두 여성과 어색한 동행을 하게 되었다. 여행에 필요한 대화를 나누는 것 외엔 사사로운 대화는 거의 없었다.

그중 한 여자분이 식사 때 기도하는 모습과 우리 아이들을 예뻐하며 챙겨주는 모습을 보고 혹시 사모님인지 물었다. 그녀는 순복음 교단을 섬기는 목사라고 자신을 소개하며 딸이

회사에서 여행권을 포상으로 받아서 여행을 왔다고 했다. 그 외에 다른 이야기는 서로 나누지 못했다.

3박 5일 일정을 마치고 우리는 공항에서 함께 이동했다. 자연스럽게 가족과 거리가 생기고 남편은 아이들을 화장실에 데려가느라 막내 유모차를 끄는 나와 그 목사님이 나란히 걷게 되었다. 목사님이 말했다.

"그동안 기도해오셔서 아시죠?"

"네?"

"하나님께서 사랑이 아버지가 신학을 하길 원하십니다. 이제는 순종하세요."

순간 세상이 멈춘 듯 정신이 아득해지며 온몸에 소름이 돋았다. 오랫동안 고민하며 하나님의 응답을 구하는 상황에서 우리가 누구인지, 무엇을 하는지, 어떤 고민이 있는지 아무것도 모르는 사람에게서 그런 말을 들으니 하나님의 섭리에 놀라지 않을 수 없었다.

"아, 목사님…. 저희가 기도하고 있는 제목입니다."

믿기지 않는 일 앞에서 하염없이 눈물이 흘렀다.

"하나님께서는 '부족하다, 아무나 할 수 없다'라고 말하는 것도 교만으로 여기세요. 더는 피하지 마시고 그분 뜻에 순종하세요."

이내 남편이 합류했고, 목사님의 얘기를 전했다. 놀란 남편의 눈에도 금세 눈물이 차올랐다. 목사님은 차분히 말을 이어 갔다.

"제가 금식기도를 마친 지 얼마 되지 않아서 여행을 미루려 고 했는데 강권적으로 오게 되었어요. 아마 사랑이네를 만나 게 하시려고 하나님이 보내신 것 같습니다. 그래서 여행 첫날 에 이 가정을 사용하길 원하시느냐고 기도했어요."

목사님은 그동안 남편이 두려워하던 부분을 하나하나 끄 집어내어 조언해주었다. 듣는 내내 눈물이 마르지 않았다. 하 나님은 우리의 모든 상황과 형편과 생각을 다 알고 계셨다.

목사님은 남편이 하나님 마음에 합당한 종이 되길 권면했 고 기도하겠다며 우리 가족의 이름을 적어갔다. 부족하고 모 자란 가정을 머나먼 태국 땅에서, 그것도 일면식도 없는 목사 님을 통해 귀한 음성을 들려주시는 하나님의 은혜와 사랑에 감격해 우리는 한동안 아무 말도 할 수 없었다. 그리고 우리 를 보시는 주님의 마음이 느껴져서 죄송했다.

'하나님이 얼마나 답답하셨으면….'

남편은 질그릇 같은 우리이지만 능력의 주님이 함께하시니 두려움 없이 인도하시는 대로 순종하기로 결단했다. 늦은 나 이에 하나님의 부르심에 순종하며 한 걸음 한 걸음 내딛는 그 가 존경스러웠다. 또한 삼십 대 후반의 나이에 새벽까지 쉼 없이 공부하는 모습이 안쓰럽기도 했다. 그래서 가정예배 때마다 아이들과 기도의 손을 모아 고생하는 남편을 응원하며 축복했다.

광야에 길을, 사막에 강을 내시는 하나님께서 새 일을 행하시길 간절히 기도했다(사 43:19). 믿음의 1대인 우리이기에 부모님의 기도나 응원은 없었지만 많은 기도의 동역자를 붙여주셨다.

남편이 목사 안수를 받기 한 달 전부터 가정예배 시간에 아이들이 아빠의 몸에 손을 얹고 간절히 기도했다. 아이들은 목사의 직분이 대단한 감투인 양 기뻐하며 축복했지만 가난과 고난으로 얼룩진 남편의 지난날을 아는 나로서는 마냥 기뻐할 수만은 없었다. 복음을 향한 좁은 길을 새롭게 개척하며 걸어갈 그를 생각하니 북받치는 눈물과 저린 마음을 숨길 수가 없었다.

목사 안수식 당일, 우리는 신실하게 인도해주신 하나님의 사랑에 그날 예배를 눈물로 시작해서 눈물로 마쳤다. 순탄치 않은 상황을 주님이 아시고 때마다 감당치 못할 은혜를 주셨기에 새로운 한 걸음을 두려움 없이 내디딜 수 있었다.

그래서 어떤 상황이든, 무슨 일을 하든, 성도일 때나 목회자 가정이 되어서도 변함없이 부르신 곳에서 가정예배의 제단을 쌓고 있다. 상황과 환경은 달라졌지만 하나님은 여전히 그 자리에서 우리와 함께하시기에 매일 그분의 뜻을 구하며 예배로 나아가고 있다.

03

희로애락이
있는
가정예배

희(喜) 기쁨 더하기(+)

첫째가 여덟 살, 둘째가 여섯 살 때 기독교 인터넷방송국 와우씨씨엠의 '하품'(하나님의 품)이라는 프로그램에 출연했다. 처음 제의를 받고 고심하며 망설이다가 하나님의 뜻하시는 바를 기대하며 응했다. 천방지축 두 형제와 보이는 라디오에 출연하는 데다가 출연자에게 큐시트나 대본이 없는 생방송이어서 내겐 큰 모험이었다.

방송 한 시간 내내 어떤 질문과 대답이 오갈지 몰라 긴장 상태였다. 하지만 두 아이가 번갈아 암송 시범도 보이고 질문에 답도 곧잘 해서 마음이 좀 놓였다. 한 진행자가 첫째 조이에게 질문했다.

"조이에게 하나님은 어떤 분이에요?"

어른에게 물어도 긴장되는 질문을 고작 여덟 살 아이에게 물었다. 나는 속이 탔다.

'생방송인데 대답을 못 하거나 엉뚱한 말을 해서 방송에 차질을 주면 어쩌지?'

하지만 조이는 막힘없이 대답했다.

"성실하시고 인자하시며 우리를 지켜주시는 하나님이요."

오히려 진행자가 놀란 듯 말했다.

"와, 초등학교 1학년이 똑 부러지게 대답하네요. 그럼 하나 더 물어볼게요. 조이는 요즘 어떤 기도를 하나요?"

"나라와 민족을 위해 기도하고, 교회와 목사님을 위해 기도하고요. 믿지 않는 가족과 동역자들을 위해 기도하고, 엄마의 사역과 아버지랑 동생들을 위해서도 기도해요."

두 진행자가 놀란 눈으로 서로를 바라보며 잠시 말을 잇지 못했다. 사실 나도 놀랐다. 아이가 잠깐의 망설임도 없이 대답했기 때문이다. 진행자들은 방송 내내 형제를 극찬하며 내게 어떻게 하면 아이들을 이렇게 키울 수 있는지 교육 방법을 묻기도 했다.

방송을 마친 후에도 그들이 피자를 사주며 칭찬을 이어갔다. 방송 중간에 음악이 나갈 땐 춤도 추고 까부는 영락없는 개구쟁이들이 질문에 진지하게 대답하는 걸 대견해했다.

"얘들아, 오늘 정말 수고했어. 방송이 어렵지 않았어?"

"엄마, 진짜 재밌었어요! 그렇지, 온유야?"

조이가 신이 나서 대답했다.

"엄마는 조이가 대답을 너무 잘해서 놀랐어. 하나님께 모든 영광을!"

"암송이랑 하나님 성품 찬양이랑 기도는 가정예배 드릴 때 매일 하는 거잖아요. 하나도 안 어려웠어요."

형제는 방송 후일담을 나누느라 시간 가는 줄 몰랐다. 아이들의 생각과 마음에 그간 드려온 예배가 습관처럼 녹아든 것 같아 기쁘고 감사했다. 어릴 때부터 예배자로 세워주시고 사용하시는 주님의 은혜에 감사하며, 이날도 변함없이 가정예배 가운데 하나님의 이름을 높여드렸다.

○ 욕실에서 드리는 이원 예배

아이들은 예배 시간에 웬만해서는 자리를 뜨는 법이 없다. 그런데 하루는 셋째 사랑이가 양해를 구하며 급하게 화장실로 향했다. 잠깐 예배를 멈추고 기다릴지 아니면 진행할지 고민하는데 사랑이가 예배 중 선포하던 말씀을 욕실에서 암송했다. 소리가 얼마나 큰지 욕실을 뚫고 거실까지 또렷이 들렸다.

암송을 하면서도 배에 힘을 주느라 끙끙대는 소리가 들렸다. 모두 웃느라 예배를 이어가기 힘들 지경이었다. 결국 그날 예배는 거실과 욕실에서 이원으로 진행되었다.

"다음은 뭐예요? 여기서 잘 안 들리니까 큰 소리로 얘기해 줘요."

"사랑아, 넌 그냥 똥이나 싸!"

오빠들의 격한 권면에도 아이는 아랑곳하지 않고 볼일이 끝날 때까지 모든 순서를 놓치지 않고 화장실에서 홀로 예배를 드렸다. 사랑이가 화장실에서 나오자 아이들이 기다렸다는 듯이 말했다.

"사랑아, 하나님이 냄새난다고 하지 않으셨을까?"

멋쩍게 배시시 웃는 사랑이 덕분에 가정예배의 기쁨이 더욱 커졌다.

얼마간 별일 없는 가정예배를 드렸는데 막내 시온이에게도 비슷한 기회가 찾아왔다. 평소 목청이 좋다 보니 목소리는 준비되었고 언니에게 뒤질세라 욕실에서 손뼉을 치며 열정적으로 찬양했다. 사랑이보다 업그레이드된 아이의 모습에 우리는 박장대소하며 예배를 드렸다.

모든 순서마다 열의를 보이며 혼자만의 부흥회를 연 시온이 덕분에 어디서나 즐겁게 예배할 수 있음을 알았다. 또 어린아이와 같지 않으면 천국에 들어갈 수 없다는 말씀을 몸소 체험했다. 가끔 생각지 못한 일을 만나 당황스럽기도 하지만, 날마다 가정예배를 통해 누리는 기쁨과 행복은 더없이 크다.

첫째가 어릴 때 좋아하던 놀이 중 하나가 '예배 놀이'였다. 동생들이 태어날 때마다 성도가 한 명씩 늘어나니 예배 놀이도 부흥하며 풍성해졌다. 놀이로 하는 예배였지만 여느 예배 못지않게 구색을 갖추었다.

사 남매는 말씀을 전하는 목사님 자리를 차지하려고 혈안이 되다가도 돌아가면서 기도, 찬양 인도자, 성가대, 특순까지 하며 역할극에 충실했다. 설교 중간에 물도 꼭 한 모금씩 마시고 단상을 두드리며 찬양하는 모습이 영락없는 목사님이었다. 암송한 구절을 모아 즉석 말씀을 전할 때는 놀라울 만큼 은혜가 되기도 했다. 가끔은 예배 놀이와 진짜 예배를 구분하지 못해 벌어지는 일도 있었다. 아이들끼리 하루에 여러 번 드린 날도 있으니 헷갈릴 만했다.

감사하게도 예배 놀이를 통해 아이들은 예배의 흐름과 예배자의 태도를 배우는 예행연습을 할 수 있었고, 준비된 예배자들 덕분에 인도자의 자리에도 일찍 설 수 있었다.

가정예배를 드리기 위해 한자리에 모일 때 예배 시작이 자꾸 지체될 때가 있다. 모두 착석하는 시간이 그리 길지 않음에도 한 명이 분위기를 띄워놓으면 순식간에 휩싸였다. 어느 날은 꼬리에 꼬리를 물고 웃고 떠드느라 20분을 훌쩍 넘겼다. 예배

드릴 기미가 보이지 않자 첫째가 엄포를 놓았다.

"제발 예배 좀 드리자, 애들아!"

그제야 하나둘 마음과 자세를 정돈하고 예배드릴 준비를 했다. 분위기를 엄하게 조성하고 아이들을 정비해서 바로 예배를 시작할 수도 있지만, 이런 시간을 크게 문제 삼지 않는 건 매번 그렇지 않을 뿐 아니라 아이들의 웃음과 즐거움을 강제 종료시키고 싶지 않아서다.

어떤 상황이든 강제적인 것은 부작용을 낳는다. 가끔은 대의를 위한 희생이 필요하기에 가족 성도의 교제에 지혜롭게 대처할 필요가 있다. 아이들은 잠시 다른 길로 갔다가도 곧 예배의 자리로 돌아오는 회복력이 있다. 비록 예배 시작이 늦어져도 아이들이 예배 전에 기쁨과 즐거움을 장착하는 건 두 손 들어 환영할 일이다. 예배의 자리가 힘겹고 괴로운 자리가 아님을 증명하기 때문이다.

아이들의 예배 놀이를 떠올리면 입가에 미소가 번진다. 깔깔대는 웃음소리가 떠나지 않고 예배를 계속 드려도 싫증 한 번 안 내고 찬양하고 기도하며 말씀을 전한다. 수십 번 반복한 놀이임에도 뭐가 그리 신나는지 매번 즐거움의 잔치다.

우리가 예배할 때만큼은 영과 진리로 하나님께 나아감이 마땅하지만, 아이들의 마음만은 예배 놀이를 했던 때의 순수함을 잊지 않길 바란다. 여호와께 즐거운 찬송을 부르며 기쁨으로 나아가는 모습을 주님도 흐뭇해하시지 않을까.

내 영혼이 여호와를 즐거워함이여 그의 구원을 기뻐하리로다 시 35:9

예배를 기쁘고 즐겁게 드리기 위해서는 진리가 아닌 것에 유연하게 대처할 마음의 준비가 필요하다. 부모는 자녀의 의견과 정서에 충분히 공감해주고 자연스러운 분위기에서 행복한 예배가 될 수 있도록 분위기를 조성해야 한다.

우리가 항상 기뻐하는 것은 하나님의 뜻이다. 기쁨으로 여호와를 섬기고 노래하면서 그분 앞에 나아가는 가정예배가 될 때 구원의 기쁨과 더불어 삶의 기쁨도 더해주시는 하나님을 만나게 될 것이다.

온 땅이여 여호와께 즐거운 찬송을 부를지어다 기쁨으로 여호와를 섬기며 노래하면서 그의 앞에 나아갈지어다 시 100:1,2

로(怒) 노여움 빼기(−)

"얘들아, 다 방으로 들어가! 오늘은 예배 안 드려?"

기쁜 마음으로 모였다가 상한 마음으로 흩어지는 예배였다. 예배 전까지는 좋았는데 한순간에 집 안 공기가 얼어붙었다. 그래도 예배는 포기할 수 없어서 아이들을 다독여 예배를 드리려고 했지만, 한번 가라앉은 분위기는 쉽게 회복하기 어려웠다.

항상 예배드리기 전에 마음을 정리하고 기분을 상하게 하는 말이나 행동을 조심하자고 일러두지만, 예기치 않은 순간에 서로의 감정을 상하게 하는 일이 일어난다.

사단은 우리가 잠깐 방심하는 틈을 기가 막히게 안다. 가정과 내 연약한 곳을 집중 공략하여 예배를 포기하게 만든다. 가정예배는 우리 집 신앙의 마지막 보루이기에 넘어지지 말아야지 다짐하면서도 위선과 불신의 모습에 화가 나고 실패의 순간에 지독한 상실감을 맛보기도 한다.

사단은 가장 중요한 일, 하나님이 기뻐하시는 일을 할 때 분열을 조장하거나 일을 그르치게 만든다. 가정예배가 그들에게는 절대 허용하지 말아야 할 방해물인 셈이다. 우리 가정도 16년째 가정예배를 드리면서 수많은 고비를 넘겼다.

처음에는 사단의 충동이라는 사실을 깨닫지 못했다. 위기의 순간에 하나님의 음성을 놓치면 사단의 속임에 놀아나게 된다. 예배의 위기는 아이들의 다툼이나 태도, 상한 감정이 아니라 주님의 음성을 놓치고 방향을 잃는 것이다. 사망의 그늘진 곳, 어두운 곳이 문제가 아니라 그곳에서 목자의 음성을 놓치는 게 가장 큰 문제다.

예배는 누군가에게 보여주기 위한 쇼가 아니다. 그래서 내가 준비하고 기대하던 예배가 아니었다고 의기소침하거나 낙심할 필요가 없다. 하나님은 우리의 연약함이나 부족함에 제한받지 않으신다. 그분이 원하시는 건 상한 심령이다. 내 기준에 흡족하지 않았다고 의미 없는 일이 되는 게 아니다. 우리가 상하고 통회하는 마음으로 나아갈 때 멸시하지 않고 보듬어주시며 연약하고 부족한 예배일지라도 받으시는 분이 우리 하나님이시다(시 51:17).

그래서 매일 넘어지는 순간이 와도 괜찮다. 훌훌 털고 다시 일어나면 된다. 상한 심령에 딱지가 생기고 새살이 돋아나 더 단단히 세워질 가정예배를 위해 기도로 함께 이겨내면 된다. 결과로 드리는 예배가 아닌 하나님이 목적인 과정으로 드리는 예배가 될 때, 어떤 상황에서도 하나님을 예배하는 예배자로 서 있을 수 있다.

○ 예배 인도자 vs 예배 방해자

"오늘은 저 혼자 말씀을 전하겠습니다."

"형아, 나도 시켜줘. 나도 할래."

"안 돼, 형이 인도할 때 끼어들지 좀 마!"

"형아~ 나는 참 포도나무요 내 아버지는 농부라."

"너 자꾸 그러면 다음에 안 시킬 거야."

형제가 어릴 때 첫째에게 예배 인도를 맡겼더니 사사건건 끼어드는 둘째와 한 치의 양보도 없는 첫째로 인해 결국 사달이 났다. 나는 서로 예배를 인도하겠다고 싸우고 삐치는 아이들을 보며 웃어야 할지 울어야 할지 몰랐다. 아이들을 중재하고 조율하며 예배의 질서를 하나씩 가르쳤다.

즐거움과 장난의 경계를 구분하지 못할 때는 예배 인도자의 자리를 내려놓고 자숙의 기간을 갖게 했다. 어떤 날은 멋진 예배자로, 어떤 날은 무법자로 예배를 방해하는 아이들의 장단에 맞추느라 요동치는 날이 많았다. 아이들이라 용납이 되면서도 예배자로 세우기 위한 반복 훈련이 몹시 고단했다.

아이들의 변화는 더디고 내 인내가 바닥을 치면 어김없이 노여움의 싹이 자라났다. 이 싹을 방치하면 예배 온도가 쑥 내려가 냉기 가득한 예배를 드렸다.

"똑바로 앉아, 너희들 장난치지 말고 돌아다니지 좀 마! 얘들아, 싸우지 마, 딴짓하지 말고 예배에 집중하자!"

끊임없이 요구사항을 늘어놓으며 내 기준과 만족을 위해 잔소리를 했고 하나님의 말씀을 정죄의 칼로 삼아 아이들에게 날을 세웠다. 예배 훈련을 빙자해 하나님께서 이런 행동을 좋아하지 않으신다며 스스로 합리화했다. 아이들에게 하나님께 드리는 예배임을 가르치며 그분이 찾으시는 예배자가 되어야 한다고 말했지만 정작 내가 무법자였고 방해자였다. 마치 예배의 주인이 부모인 것처럼 그 시간을 훈육과 훈계로 가로채는 죄인이었다.

그렇다고 아이들의 예배 태도가 좋아질 때까지 마냥 기다릴 수는 없었다. 그래서 내가 먼저 예배자가 되기로 했다. 아니, 하나님께서 엄마인 나를 먼저 예배자로 세워가셨다. 아이들의 상태나 환경이 어떠하든지 믿음의 예배자로 서기 위해 연단되는 시간이었다.

내가 예배자로 서지 못 하면 아이들의 행동이 보였고 거기에 초점이 맞춰지면 하나님이 보이지 않았다. 누가 주인인 예배인지 늘 겸손하게 돌아봐야 했다. 내가 온전히 하나님께 집중하는 예배자가 되었을 때 비로소 아이들도 예배자의 태도를 하나씩 배워갔다.

모든 신앙 훈련이 그렇듯 예배 훈련도 부모가 먼저 변화의 자리에 서야 한다. 자녀는 부모가 예배하는 자세를 보고 배우며 또 한 명의 예배자로 성장하기 때문이다. 링컨이 이런 말을 했다.

"아이는 당신이 시작한 것을 실천에 옮기게 될 사람이다. 그는 당신이 지금 앉아있는 자리에 앉게 될 것이며, 당신이 가고 나면 당신이 중요하다고 생각했던 것을 돌아볼 것이다. 인류의 운명은 그들 손에 달려있다."

가정마다 중요하다고 생각하는 것이 무엇이며, 지금 어디에 앉아있는지 돌아봐야 한다. 그 자리와 가치가 자녀에게 고스란히 전수되기 때문이다.

과거의 나를 떠올리면 한없이 연약한 모습에 부끄럽고 안타깝지만 그 자리에 머물러 오늘을 후회로 만들지 않은 것에 감사하다. 지난날을 발판 삼아 어제보다 나은 오늘, 오늘보다 나은 내일을 위해 주님이 주인이신 예배의 자리를 지켜나가려 노력한다.

노하기를 더디 하는 것이 사람의 슬기요 허물을 용서하는 것이 자기의 영광이니라 잠 19:11

○ 갈등과 화해의 열쇠

어느 날, 남편과 사소한 문제로 갈등을 겪었다. 서로의 마음이 해결되지 않은 채 예배 시간이 다가오니 부담이 되었다. 하필 이날 예배 인도자가 나였다. 할 수만 있다면 피하고 싶었다.

"엄마, 오늘은 제가 예배를 인도하고 싶은데 저랑 순서 좀 바꿔주실래요?"

둘째 온유의 제안에 속으로 '할렐루야'를 외치며 흔쾌히 수

락했다. 예배가 시작되자 둘째가 말했다.

"오늘은 좀 특별한 예배를 드리려고 합니다. 일단 두 명씩 짝을 짓도록 하겠습니다. 호명하는 분들은 짝을 지어 앉아주시길 바랍니다. 아버지와 어머니, 조이 형과 시온이, 사랑이는 저와 마주 보고 앉아주세요."

무거운 마음은 잠시 접어두고 남편과 마주 앉았다.

"둘이 손을 잡고 바라보며 〈축복송〉을 부르겠습니다."

남편과 나는 억지로 손끝을 걸쳤지만 시선은 서로 다른 곳을 향한 채 기계적으로 입술을 움직였다.

"서로 기도 제목을 나눈 후 포옹한 채 기도하겠습니다."

이쯤 되니 아이들이 무슨 일을 계획하고 있는지 알 것 같았다. 집 안의 냉기를 감지한 아이들의 묘책이었다. 킥킥거리며 새어 나오는 사 남매의 웃음소리가 부부의 닫힌 마음의 빗장을 풀었고 가정을 데우는 온기가 되었다.

"오늘 제가 예배 인도하길 잘했죠?"

너스레를 떠는 둘째가 마냥 예뻐 보였다. 우리는 아이들에게 부끄럽고 연약한 모습을 나누었다. 늘 아이들을 중재하고 예배를 화평과 사랑으로 인도하기 위해 노력하는 게 부모의 역할이라 여겼는데, 어느새 부모의 부족한 모습까지 보듬고 예배의 자리를 지켜내는 아이들이 대견했다.

부모도 실패를 인정하고 잘못을 고백할 수 있어야 한다. 주님 앞에서는 똑같은 죄인이기 때문이다. 예배는 하나님께 드리는 영적 행위지만 갈등과 화해의 열쇠이기도 하다. 가정의 회복, 자녀 관계 개선, 부부의 연합이 필요하다면 예배로 나아오길 바란다. 죄인인 우리가 서로를 긍휼히 여기고 하나님의 용납과 용서를 체험할 수 있는 가장 큰 은혜의 자리이기 때문이다.

가정에서 내 연약함과 힘듦을 나누며 우리의 왕이요 주인 되시는 하나님께 합심하여 기도할 때, 그분이 모든 문제와 어려움을 해결하시고 가정 가운데 축복을 부어주실 줄 믿는다.

> 여호와는 긍휼이 많으시고 은혜로우시며 노하기를 더디 하시고 인자하심이 풍부하시도다 시 103:8

노여움 없는 예배를 드리기 위해 예배의 주인이 하나님이심을 꼭 기억하자. 우리가 그분의 피조물임을 망각하는 순간 노여움의 싹이 우후죽순으로 자란다. 부모의 권위를 이용해 자녀를 노엽게 하지 말라는 주님의 말씀에 먼저 순종하자. 부모가 먼저 진정한 예배자가 될 때 자녀들도 작은 예배자로 함께 성장할 것이다.

그러므로 예물을 제단에 드리려다가 거기서 네 형제에게 원망 들을 만한 일이 있는 것이 생각나거든 예물을 제단 앞에 두고 먼저 가서 형제와 화목하고 그 후에 와서 예물을 드리라 마 5:23,24

애(哀) 슬픔 나누기(÷)

양가의 구원을 위해 소망의 끈을 놓지 않고 34년째 기도 중이다. 매일 예배 가운데 가족의 이름을 불러가며 기도하고 있지만, 응답이 너무 더딘 것 같아 가끔 무뎌진 마음으로 기도할 때가 있다.

더는 아프지 않고 간절하지도 않은 고장 난 마음을 자책하던 어느 날, 아이들도 나처럼 습관적으로 기도하는 게 보였다. 바싹 말라버린 우리의 기도를 보니 정신이 번쩍 들었다. 가정예배도 사실 별반 다르지 않았다. 겉보기엔 문제없었지만 건조하고 냉랭한 예배를 드리고 있었다. 아무리 기도가 쌓인다 한들 차갑게 식은 형식적인 예배를 하나님이 받아주실 것 같지 않았다.

아이들에게 먼저 내 상태와 마음을 고백했다. 언제부터인지 알 수 없으나 누구도 그 사실을 인지하지 못했다는 게 큰 문제였다. 나는 예배의 현주소를 직시하고 예배자로서 각자의 모습과 기도를 돌아보자고 눈물로 호소하며 간청했다.

'하나님, 제 마음이 뜨겁지 않아요. 제 안에 복음에 대한 뜨거운 열망과 예배를 향한 간절함이 활활 타고 있었는데, 언제부턴가 꺼진 것만 같아요. 작은 불씨조차 피우지 못해 차갑게 식어가고 있어요. 우리를 불쌍히 여겨주세요. 복음을 향한 열정과 예배를 회복시켜주세요.'

아이들도 영적 허기를 느꼈는지 눈물을 흘리며 간절히 기도했다. 하나님은 우리 가정을 회개하고 통회하는 성령의 임재 가운데 초대해주셨다.

> 내가 주님을 애타게 부를 때에, 들어주십시오. 나를 불쌍히 여기시고, 응답하여주십시오. 주님께서 나더러 "내게 와서 예배하여라" 하셨을 때 "주님, 내가 가서 예배하겠습니다" 하고 대답하였으니,
>
> 시 27:7,8 새번역

가정예배라는 이름으로 모였지만 단지 형식적인 예배나 종교 체험으로 끝난다면 결국 예수 그리스도가 없는 예배를 드리게 된다. 예배드리는 행위 자체가 우상이나 자기만족이 되어선 안 된다. 하나님이 받으시지 않는 예배는 회복이나 능력을 기대할 수 없다.

그래서 가끔은 예배의 재정비가 필요하다. 아이들이 예배자로서 잘 서고 있는지, 부모인 우리도 예배자로 제대로 서 있는

지 말이다. 문제없는 듯한 평온한 순간이 위기다. 안일하고 타성에 젖은 예배가 되지 않도록 늘 깨어서 예배 온도를 체크하고 서로의 상태를 점검해주는 훈련이 필요하다.

아이들과 기도하다 보면 한없는 눈물을 부어주실 때가 있다. 그런 날은 하나님께서 가정예배의 온도를 높여주시는 걸 느낀다. 죄를 고백하고 용서를 구하는 눈물, 하나님의 은혜에 감격해서 흘리는 눈물, 가족과 이웃을 향한 긍휼함에 흘리는 눈물, 나라와 민족의 범죄함을 보며 애통하여 흘리는 눈물에 아이들도 숙연해진다.

감정 해소를 위해 버려지는 눈물이 아니라 애잔하고 절실한 마음으로 흘리는 눈물을 주님의 눈물 병에 담아주시길 기대한다. 예배 온도가 낮아질 때 주님께서 우리의 눈물샘을 여시고 뜨거운 위로와 소망의 눈물을 함께 흘려주시며 중보자로 계실 것이다.

○ 천국에 가셨을까?

하루는 점심으로 제육볶음을 준비하다가 아버지의 음성이 귓가에 들리는 것 같아 그 자리에 주저앉아 울고 말았다. 고기를 좋아하던 아버지는 요리할 때 옆에 다가와 한 점씩 맛보며 "아, 맛있다!"라고 감탄사를 연발하곤 했다.

"엄마, 또 할아버지 생각나셨어요? 할아버지는 천국에서 만나면 되니까 너무 슬퍼하지 마세요."

"글쎄, 천국에 가셨을까…."

2014년 12월 13일, 새벽예배를 드리기 위해 분주하게 네 아이를 챙기는데 전화벨이 울렸다. 아버지 번호였다. 새벽에 걸려오는 전화는 달갑지 않았다. 밤새 주사로 엄마를 힘들게 했거나 귀가하지 않은 아버지를 걱정하는 엄마의 전화일 거라고 생각했다. 불편한 마음으로 전화를 받는데 수화기 너머로 엄마의 통곡 소리가 들려왔다. 왠지 모를 불안감에 온몸이 경직됐다.

"실아…, 아버지가… 돌아가셨다."

'아니, 건강하던 아버지가 갑자기 왜. 어제도 멀쩡히 아이들과 영상통화까지 했는데….'

믿기지 않는 소식에 눈물보다 내 입에서 먼저 나온 말이 있었다.

"어떡해, 복음도 제대로 못 전했는데…."

갑작스런 비보에 마음이 칠흑 같은 어둠으로 내려앉았다. 믿기지 않았다. 아니, 믿고 싶지 않았다.

'사실이 아닐 거야. 이건 꿈이야.'

친정인 부산으로 가는 내내 현실을 부정했다. 그런데 장례식장에 도착해서 아버지의 이름을 확인한 순간 다리에 힘이 풀렸다. 영정사진 앞에서 황망함과 슬픔, 믿을 수 없는 현실에

절규하며 울부짖었다.

'뭐가 그리 급해서 인사도 못 하고 가셨어요? 손주들의 미래를 책임지겠다고 지키지도 못할 말은 왜 하셨어요?'

어린 시절 사랑보다 더 깊은 상처를 주고, 단 한 번도 미안하다고 용서를 구한 적 없는 아버지였다. 아버지의 주사로 눈물의 세월을 보냈는데 문득 술잔을 기울이는 모습이 그리웠다. 닥친 슬픔은 지난 상처보다 힘이 셌다.

조문객을 맞으며 깊은 슬픔을 견뎌내느라 힘들었지만 늦은 밤 장례식장의 침묵을 깨고 우리 가족은 두 평 남짓한 상주실에서 예배를 드렸다. 불신 가족 틈에서 믿음으로 버티기가 힘겨웠지만 위로와 소망의 자리로 나아가니 성령의 위로가 부어졌다.

사실 아버지를 잃은 슬픔만큼 불신 가정에 대한 애통함도 컸다. 예배와 찬양이 넘치는 환송예배가 아닌 시간마다 올리는 제상(祭床) 앞에서 가식 없는 아픔과 슬픔을 나눌 기도 공동체가 있어서 얼마나 큰 위로와 감사가 되었는지 모른다.

장례를 치른 첫째 아이는 슬픔에 잠긴 할머니에게 정성껏 그린 그림을 선물했다. 일곱 손주와 함께 환하게 웃고 있는 부모님의 모습이었다. 가족사진을 찍고 싶어 했던 아버지의 소망을 조이가 그림으로 대신했다. 그 속에서 환하게 웃고 있는 아버지의 미소가 마치 살아 숨 쉬는 것 같았다.

금쪽같은 첫 손자를 빤히 바라보며 어쩔 줄을 모르던 아버지. 어깨에 잔뜩 힘이 들어간 채 아이를 안고 용기 내어 "새벽종이 울렸네" 노래를 부르던 아버지. 나를 키울 땐 무심하다 못해 관심이 없다고 생각했는데 손주들에게만큼은 못다 한 사랑을 한껏 흘려보내 주었던 아버지.

일곱 손주에게는 세상에서 둘째가라면 서러울 만큼 좋은 할아버지로 기억되어 감사할 따름이다. 내가 평생 보지 못한 모습을 손주들에게 보이며 행복해할 때마다 측은한 마음도 들었다.

'표현이 참 서툴고 힘든 분이었구나. 아버지도 사랑받을 존재였는데, 그런 사랑을 못 받아본 거였구나.'

아이를 낳고 부모가 되니 아버지의 고뇌와 비애가 보여서 진심으로 용서하고 사랑하는 마음이 생겼다. 돌아가시고 나니 더 많이 사랑하고 안아드리지 못한 후회만 남는다.

아버지는 퇴직 후 경비 일을 하며 전도하러 오는 사람에게 내가 쓴 책과 방송을 홍보하며 기뻐했고, 사모가 된 나를 무척 자랑스러워했다. 아버지에게도 복음의 기쁨이 있지 않았을까. 생전에 아버지가 좋아했던 음식을 먹을 때면 사무치게 그립다.

'아버지, 천국에서 다시 만날 수 있었으면 좋겠어요. 그땐 제가 꼭 안아줄게요.'

다만 아버지가 천국에 계신지 확언할 수 없어서 가끔 가슴이 쿵 하고 내려앉는다. 너무 마음 아프고 슬프지만, 손주들 성화에 못 이겨 끌려가듯 드렸던 몇 번의 예배 가운데, 통화 때마다 예수님 믿으라고 복음을 전했던 손주들의 메아리가, 그리고 몇 년간 매주 아버지의 일터를 찾아가 복음을 전한 한 교회의 기도가 아버지의 마음에 복음의 기쁜 소식과 아멘으로 전해졌길 바라며 애도할 뿐이다. 매일 밤 가족의 구원을 위해 두 손 모았던 아이들의 기도를 외면치 않으시고 하나님이 응답해주시길 간절히 바라고 또 기도한다.

○ 그럼 오빠 죽는 거예요?

계단에서 왼발을 접질렀던 조이의 상태가 심상치 않아 동네 정형외과를 찾았다. 인대가 늘어나 당분간 깁스를 해야 한다고 했다. 의사는 다친 다리보다 오른쪽 다리에 문제가 있다며 왼발이 낫는 대로 큰 병원에서 정밀검사를 해보라고 권했다. 소견서에는 종양이 의심된다는 절망적인 글귀가 쓰여 있었다. 내 마음은 한순간에 바닥으로 떨어졌다.

늘 그렇듯 문제 앞에서 우리가 할 수 있는 일은 아무것도 없었다. 그저 예배의 자리, 기도의 자리로 문제를 옮겨갈 뿐이었다. 가정예배 때 조이의 기도 제목을 나누자 청천벽력 같은 소식에 동생들의 눈가가 촉촉해졌다.

형은 이제 어떻게 되는 거냐고 눈물을 삼키는 둘째, 오빠가 죽는 거냐며 눈물을 보이는 셋째와 넷째 때문에 가슴이 먹먹했다. 덤덤하게 "난 아무렇지도 않은데 왜 그러냐"라며 에둘러 말끝을 흐리던 첫째.

아이들과 영화 〈교회 오빠〉를 본 지 얼마 되지 않은 때여서 더 큰 충격으로 다가왔는지도 모르겠다. 영화가 끝나고 다들 한동안 자리를 떠날 줄 몰랐다. 슬픔과 눈물로 얼룩진 얼굴을 수습하기보다 복음과 믿음, 사명에 던져진 물음에 대한 답을 정리할 시간이 필요했다.

불과 며칠 전에 그런 진지한 이야기를 나누었는데, 현실에서 마주한 문제는 생각보다 간단하지 않았다. 우리는 정신을 차리고 깁스한 조이의 왼발에 손을 올리고 감사기도를 드렸다. 다치지 않았다면 몰랐을 문제를 알게 하시고, 다친 부위만이 아니라 양발을 촬영한 것에 감사했다.

무엇보다 조이를 위해 온 가족이 한마음으로 간절히 기도할 수 있어서 감사했다. 그리고 어떤 결과에도 감사하는 마음을 주시길 기도했다. 조이를 향한 주님의 생각은 알 수 없지만 평안과 희망을 붙잡고 믿음의 고백을 올려드렸다.

나중에 검사한 결과 '비골화성섬유종'이라는 양성골종양 진단을 받았다. 종양의 경계가 명확하고 선명한 데다 예쁘기까지 하다는 선생님의 말씀 또한 감사 제목이 되었다. 정강이 골간부에 위치한 종양을 2년째 정기검진을 받으며 지켜보고 있다.

해결할 수 없는 문제를 만날 때 올려다볼 하늘이 있는 것만으로 큰 축복이다. 우리의 사랑이 닿을 수 있는 넓이와 깊이보다 더 큰 사랑으로 함께해주시는 주님이 계시기에 슬픔이 더는 슬픔이 아니다.

주께서 나의 슬픔이 변하여 내게 춤이 되게 하시며 나의 베옷을 벗기고 기쁨으로 띠 띠우셨나이다 시 30:11

가정은 희로애락의 모든 감정을 공유하고 수용하는 곳이다. 그래서 절망과 낙심, 슬픔과 애통, 상처와 실망, 고통과 괴로움 등 모든 아픔을 나눌 수 있는 기도 공동체가 되어야 한다. 가정예배 안에서 사랑으로 위로하고 용서와 용납으로 하나 될 때 슬픔이 변하여 기쁨 되게 하시는 하나님의 은혜를 경험할 줄 믿는다.

어떤 상황에서도 서로를 믿고 신뢰하며 감사함으로 하나 되는 가정이 되자. 우리의 미래와 희망이신 하나님께서 친히 붙드시고 참 평안과 위로로 함께하실 것이다.

여호와의 말씀이니라 너희를 향한 나의 생각을 내가 아나니 평안이요
재앙이 아니니라 너희에게 미래와 희망을 주는 것이니라 렘 29:11

락(樂) 즐거움 곱하기(×)

첫째 조이가 일곱 살 무렵에 만든 찬양이 있다.

나는야 하나님의 군사

하나님은 나를 선택하셨지

나는 하나님을 믿어야 해

나는 하나님을 섬겨야 해

외롭고(외롭고) 힘들지만(힘들지만)

우리는 하나님의 멋진 자녀야

가정예배 때 자주 불러서 넷째까지 자연스럽게 익히며 사
남매의 대표곡이 되었다. 네 아이가 나란히 춤추며 찬양을 부
르는 모습을 바라보면 피로 회복제를 마신 것처럼 모든 피곤
이 사라진다. 우리 부부의 입꼬리가 절로 귀에 걸린다.

어린 조이가 혼자 부르던 모습부터 식구가 늘어 풍성해진
찬양단을 보면 감회가 새롭다. 16개월부터 가장 오랜 시간
함께한 첫째가 희로애락이 있는 예배의 자리로 동생들을 이끌

며 자리를 지켜주는 게 고맙고 기특하다.

"아버지 성가대 찬양하시겠습니다."

"나? 오늘 내가 성가대야?"

"네! 〈내 평생 사는 동안〉 찬양하시겠습니다."

앞에서 지휘해주는 아들 덕분에 나 홀로 성가대가 되어 열심히 감당했던 남편. 마치 솔리스트라도 된 것처럼 인도자의 요청에 응하며 은혜의 찬양을 부르는 아버지 성가대는 어디서도 볼 수 없는 유일무이한 성가대다.

춤추며 그의 이름을 찬양하며 소고와 수금으로 그를 찬양할지어다

시 149:3

우리 가정에는 예배를 돕는 '특순'(특별한 순서)을 통해 예배의 즐거움을 더한다. 형제들이 어릴 땐 찬양과 율동으로 드렸다. 교회에서 악기나 워십으로 특순 하는 모습을 보면 어김없이 가정예배 시간에 흉내를 냈다. 셋째와 넷째는 자매 성가대로 활약했는데 늘 치마를 어깨까지 올려 입은 성가복 차림으로 등장해 솜사탕처럼 사르르 녹는 목소리로 찬양을 불렀다. 귀여운 자매들 덕분에 매일 천국 재롱잔치가 열렸다.

지금까지 기록해둔 예배 일기에는 사 남매의 특순 활약상이 넘쳐난다. 율동과 찬양, 막춤과 댄스, 첼로, 멜로디언, 오

카리나, 기타, 피아노, 하모니카, 카혼 등 다양한 악기로 찬양했고 영어나 수화 찬양으로 예배를 즐겁고 풍성하게 채워 갔다. 어느덧 성장한 아이들은 모든 악기를 동원한 찬양단으로, 때로는 하모니를 이루는 성가대로, 또 시대를 앞서간 'J-Pop'(Jesus Pop) 멤버로 특순 자리에서 하나님을 기쁘시게 해드린다.

뜬금없는 특순을 요청하거나 아이들이 준비한 순서에 동참해야 할 땐 당황스럽지만 기쁜 마음으로 함께하려고 한다. 다름 아닌 하나님을 찬양하며 그분의 구원하심을 기뻐하는 일이기에.

내가 노래로 하나님의 이름을 찬송하며 감사함으로 하나님을 위대하시다 하리니 이것이 소 곧 뿔과 굽이 있는 황소를 드림보다 여호와를 더욱 기쁘시게 함이 될 것이라 시 69:30,31

○ 지구본을 돌려라

"얘들아, 오늘은 어떤 나라를 위해 기도할까?"

"돌리고~ 돌리고~ 여기 미얀마요."

"맞아, 미얀마에 기도가 많이 필요해. 거기 계신 김 선교사님 가정을 위해서도 기도하자."

"저는 이 선교사님이 계신 필리핀이요. 지금은 괜찮으세요?"

"아직 많이 힘드신가 봐. 계속 기도하자."

"저는 우리나라 기도할래요. 코로나가 빨리 사라지면 좋겠어요."

"나는 중국으로 할 거야."

"자! 각자 그 나라에 손을 얹고 기도하자!"

가정예배를 드리면서 빠뜨리지 않는 순서 중 하나다. 기도 시간에 지구본을 가운데 두고 돌리다가 각자 성령님이 감동을 주신 한 나라를 지목해 손을 얹고 기도한다. 그 나라에 하나님의 주권이 임하고, 섬기는 선교사님들을 지켜주시고, 믿지 않는 자들에게 구원을 베풀어주시길 간구하는 시간이다.

아이들이 고사리 같은 손을 지구본에 올릴 때 너무 사랑스럽고 예뻐서 사진으로 많이 담아두곤 했는데, 이제는 지구본을 다 덮을 만큼 많이 자랐다.

"정말 귀한 사역! 응원하며 앞으로 많이 배우겠습니다."

어느 날 SNS로 메시지를 받았다. 이름이 낯익어 확인해보니 북한에 구금되었다가 석방된 임현수 목사님이었다. 상기된 마음을 가라앉히며 바로 답신을 보냈다.

"목사님, 감사합니다. 아이들과 목사님을 위해 기도했는데 석방 소식에 얼마나 감사하고 기뻤는지 모릅니다. 주님의 은혜에 감사드려요."

"사 남매에게 말씀 심는 엄마! 정말 귀한 대한민국의 어머니이십니다. 너무 감사합니다. 아이들에게도 기도해줘서 고맙다고 꼭 전해주세요. 감사합니다."

"목사님의 귀한 격려에 힘입어 더 열심히 다음세대를 세우겠습니다. 아이들에게도 목사님 말씀 꼭 전할게요. 감사합니다."

"그 아이들은 미래를 끌고 나갈 위대한 지도자들이 될 거예요. 웨슬리의 형제들같이 키워 나라와 민족을 구해주세요."

목사님은 메시지와 함께 '이 땅을 버리지 마옵소서'라는 기도 영상을 보내주었다. 영상에는 우리나라를 복음의 땅으로 세워주신 하나님의 은혜와 기도문이 담겨 있었다.

"아멘! 할렐루야! 매일 아이들과 함께 나라와 민족을 위해 기도하고 있습니다. 더욱 눈물로 간구하겠습니다. 왕 되시고 역사의 주관자이신 주님을 찬양합니다."

북한을 위해 기도할 때마다 임 목사님을 기억했기에 석방 소식은 우리에게도 기도 응답이자 기쁜 소식이었다. 얼굴을 본 적은 없지만 중보하던 목사님과 메시지를 주고받게 된 것이 실로 놀라운 은혜였다. 예배 시간에 아이들에게 읽어주며 하나님은 우리의 기도를 다 들으시고 응답하실 뿐 아니라 축복해주시는 분임을 나누며 그분을 찬양했다.

임 목사님의 구금과 석방 소식은 전 세계가 북한을 주목하게 만들고 신실하신 하나님의 섭리를 보게 한 큰 사건이었다. 이후에도 우리 가정은 북한의 공산주의, 세습, 독재가 무너지고 가난과 저주, 우상이 떠나가며 고통받고 아파하는 백성들의 신음에 주님이 역사해주셔서 그 땅에 속히 주님의 주권이 선포되고 복음의 문이 열리길 기대하며 손을 얹고 있다.

아이들이 지금은 특정한 이슈가 있을 때만 지구본에 손을 얹는다. 나라 안팎의 여러 어려움과 문제, 뉴스를 통해 재해나 사건 사고를 접하면 아이들이 먼저 울분을 토하며 기도를 요청한다. 아프간과 미얀마, 아이티를 위해 집중적으로 기도하며 주님의 긍휼과 사랑이 필요한 나라에 개입하시고 역사해주시길 간구하고 있다.

우리나라의 대소사나 기도해야 할 문제 앞에서는 한반도에 손을 얹고 집중적으로 기도한다. 대한민국 국민으로서 대통령과 위정자들이 나라를 잘 세워가고 하나님을 경외하며 이 땅이 온전히 주님의 통치 아래 있기를 기도하고 있다. 무엇보다 죽어가는 이 나라를 하나님의 은혜로 세워주신 축복을 기억하며 주님 다시 오시는 그날까지 복음의 귀한 통로로 써주시기를 기도한다.

그러므로 내가 첫째로 권하노니 모든 사람을 위하여 간구와 기도와 도고와 감사를 하되 임금들과 높은 지위에 있는 모든 사람을 위하여 하라 이는 우리가 모든 경건과 단정함으로 고요하고 평안한 생활을 하려 함이라 이것이 우리 구주 하나님 앞에 선하고 받으실 만한 것이니 하나님은 모든 사람이 구원을 받으며 진리를 아는 데에 이르기를 원하시느니라

딤전 2:1-4

아이들과 지구본을 돌리다 보면 자연스럽게 지리나 세계사 공부가 된다. 우리의 지구본 기도를 아시는 한 선교사님이 세계 선교 기도 책을 보내주어서 더 세밀하게 알고 기도할 수 있었다. 기도가 필요한 선교사님을 위해 간절히 기도할 때 지구 저편에서 기쁨과 절망의 소식이 들려온다. 그저 우리는 중보자의 자리로 불러주신 은혜에 감사하고 주님을 기대하며 함께 손을 모을 뿐이다.

온 가족이 가정예배 가운데 온 유대와 사마리아와 땅끝까지 복음이 흘러가기를 소망하며 열방을 품고 기도할 때, 예수님의 증인 된 삶으로 복음의 귀한 통로가 되리라 믿는다. 나

라와 민족, 동역하는 선교사님과 지체를 위해 기도하며 열방의 중보자, 기도의 용사로 세워지는 가정이 많아지길 기도한다.

또 이르시되 너희는 온 천하에 다니며 만민에게 복음을 전파하라 믿고 세례를 받는 사람은 구원을 얻을 것이요 믿지 않는 사람은 정죄를 받으리라 막 16:15,16

○ 골든 벨을 울려라

남편의 인도로 예배를 드린 날이었다. 출애굽기 20장 1-21절 말씀을 다 같이 암송한 후에 남편이 아이들에게 돌발 퀴즈를 냈다.

"출애굽기에서 주인공은 누구일까?"

"모세."

미리 입을 맞추기라도 한 듯 아이들이 동시에 말했다. 남편이 되물었다.

"모세가 주인공이라고?"

"그럼 이스라엘 백성?", "아론?", "십계명?"

추측성 답변이 난무하자 남편이 말했다.

"다들 암송 헛했네. 주인공은 하나님이시지! 모든 성경은 하나님이 어떤 분인지 말씀하잖아."

아이들은 정답을 못 맞힌 것보다 남편이 농담처럼 던진 "암송 헛했네"라는 말에 세상 억울한 표정을 지었다. 그때 둘째 온유가 기지를 발휘해 반격에 나섰다.

"에이, 우리 아버지 말이 심하시다. 근데 아버지가 잘못 아셨어요. 주인공은 모세예요. 하나님은 감독이시거든요."

"오~!"

"아버지가 인정하시죠!"

설득력 있는 온유의 말에 가족 모두 공감하며 웃었고 남편도 온유의 손을 들어주었다.

남편은 예배 시간에 아이들에게 종종 질문을 던진다. 교리를 가지고 가정예배를 드릴 때도 자신의 언어로 답할 수 있도록 유도한다. 질문을 하는 이유는 잘 듣고 이해했는지 확인하기 위해서가 아니라 질문을 통해 중요한 부분을 한 번 더 기억하고 삶에 적용하길 바라는 마음에서다.

우리 가정에는 살아 움직이는 성경이 있다. 남편이 셋째와 넷째에게 성경을 읽어줄 때면 첫째와 둘째가 혜성처럼 나타나 성경의 여러 이야기를 몸으로 표현하며 생동감 넘치는 '4D Bible'을 눈앞에 펼쳐준다. 가정예배 시간도 예외는 아니다. 말씀을 암송할 때도 수화를 능가하는 마임으로 동생들에게 기쁨과 즐거움을 더해주는 '오빠표 성경'이 등장한다.

그래서인지 자매들이 어릴 때 오빠들이 생동감 있게 전해준 말씀은 신기할 만큼 잘 기억한다. 말씀과 오감이 만날 때 누릴 수 있는 은혜다. 아이마다 하나님을 만나는 방식이 다르다. 오감으로 느끼고 체험하며 하나님을 만나는 아이가 있고 이성적 사고로 하나님을 믿는 아이도 있다.

가정에서 다양한 예배를 드리며 자녀들이 하나님을 만날 수 있도록 도와야 한다. 어린 자녀가 있다면 놀이를 통해 예배의 즐거움을 더하길 바란다. 그렇게 만난 말씀은 좋은 기억으로 아이의 마음 깊이 새겨진다.

> 주를 찾는 모든 자들이 주로 말미암아 기뻐하고 즐거워하게 하시며 주의 구원을 사랑하는 자들이 항상 말하기를 하나님은 위대하시다 하게 하소서 시 70:4

가정예배에 즐거움을 더하자. 예배의 행복 지수가 배가될 것이다. 부모가 알아서 즐거운 환경을 조성할 수도 있지만 예배를 풍성하게 채울 다양한 요소를 자녀와 함께 고민해보길 바란다. 예상치 못한 은혜의 시간을 경험할 수 있다.

어린아이와 함께 예배할 땐 철저하게 어린 예배자의 눈높이에 맞춰 예배드리길 바란다. 아이가 자라는 속도만큼 예배의 모습도 빠르게 성장할 것이다. 의인은 기뻐하여 하나님 앞에서 뛰놀며 기뻐하고 즐거워하라고 명하신다(시 68:3). 하나님을 사랑하는 가족이 모여 주로 말미암아 기뻐하고 즐거워하는 것이 주님이 우리에게 주신 특별한 선물이다.

이르시되 너희는 나를 누구라 하느냐 시몬 베드로가 대답하여 이르되 주는 그리스도시요 살아 계신 하나님의 아들이시니이다 마 16:15,16

아버지께 참되게 예배하는 자들은

영과 진리로 예배할 때가 오나니 곧 이때라

아버지께서는 자기에게 이렇게 예배하는 자들을 찾으시느니라

하나님은 영이시니 예배하는 자가 영과 진리로 예배할지니라

요 4:23,24

2

가정예배로
작은 교회
세우기

내 생각과 마음이
하나님이 거하시는 성소가 되도록
그분을 경외하며 하루하루 최선을 다하자.
매일 나와 이웃을 뜨겁게 사랑하고
감사하며 살아갈 때
내 삶이 가장 아름다운 예배 처소가 될 줄 믿는다.

04

가정예배,
시작이
반

최우선순위는 예배

버리고 비우는 것, 나도 참 안 되는 일 중에 하나다. '언젠가 보겠지', '내년에 입겠지', '나중에 쓰겠지' 하며 집 안에 쌓아두길 여러 해. 그러다 한계에 다다른 어느 날, 한번 시작하면 끝을 봐야 하는 성격이라 큰맘 먹고 비워내기 시작했다.

하지만 수개월이 지나면 다시 원점이었다. 비움의 의지보다 채움의 욕구가 강한 탓에 비워낸 자리는 기어이 새로운 것이 대신했다. 정리 전문가들도 '정리의 시작은 버리는 것'이라고 입을 모은다. 정리는 퍼즐을 맞추듯 빈 곳을 채우는 게 아니라 과감하게 버리고 비우는 거라고.

우선순위도 정리와 같은 맥락이다. 중요한 일을 하기 위해 다른 일을 과감히 정리해야 한다. 자투리 시간에 중요한 일을 하는 법은 없다.

그렇다면 우리 가정은 무엇으로 가득 차 있을까? 믿음의 가정의 최우선순위는 가족이 모여 하나님을 예배하는 일이다. 가정 안에 하나님을 경외하는 마음이 아닌 다른 것들로 채워져 있다면 지금 당장 신박한 정리가 필요하다. 무엇보다 예배를 우선해야 한다. 분주한 세상에서 고집스럽게 은혜의 자리를 지키며 가정예배를 결단하길 바란다.

처리해야 할 일의 '중요도'와 '긴급도'를 고려해 일의 우선순위를 정하는 시간 관리 방법을 '시간 관리 매트릭스'라고 한다. 먼저 급하고 중요한 일, 급하지만 중요하지 않은 일, 급하지 않지만 중요한 일, 급하지도 않고 중요하지도 않은 일 네 가지 영역으로 나눈다. '빨리빨리' 문화에 익숙한 우리는 대부분 눈앞에 닥친 급한 일에 우선순위를 두는 경우가 많다. 그러다 보니 늘 바쁘고 시간이 없다는 말을 달고 산다.

하지만 아이러니하게도 가정예배 드릴 시간은 없어도 중요하지도, 긴급하지도 않은 많은 일을 위해서는 없는 시간도 만들어낸다. 예배드릴 시간이 없는 게 아니라 예배드릴 마음이 없는 건 아닐까. 시간은 저절로 생기지 않는다. 내 생활을 과감하게 비우고 정리해서 확보해야 한다.

그중에서 우리가 주목해야 할 영역은 '급하지 않지만 중요한 일'이다. 이것은 우리의 부르심과 사명에 직결되는 영역이다. 말씀 앞에 머물러 주님과 교제하는 일, 기도하며 예수님과 호흡하는 일, 예배의 자리로 나오는 일보다 중요하고 귀한 일은 없다.

성경도 우선순위를 말씀한다. 준비하는 일이 많아 마음이 분주했던 마르다와 예수님 발치에 앉아 말씀을 듣던 마리아. 마르다는 푸념하며 예수께 마리아가 자신을 돕게 해달라고 부탁하지만, 예수님의 답은 간단명료했다.

> 마르다야 마르다야 네가 많은 일로 염려하고 근심하나 몇 가지만 하든지 혹은 한 가지만이라도 족하니라 마리아는 이 좋은 편을 택하였으니 빼앗기지 아니하리라 눅 10:41,42

예수님을 만나는 것이 목적임에도 준비하는 일이 많아 마음이 분주한 상태에서 염려하고 근심할 때 가장 중요한 것을 놓치고 만다. 대신 좋은 것을 택하여 빼앗기지 않은 것, 한 가지만이라도 족한 그것은 다름 아닌 예수님을 만나는 일이다. 일상에서 하나님보다 우선순위에 있는 게 무언지 분별하자. 내삶을 채우는 것, 내가 타협하는 것이 우상일 수 있다. 이를 경계하지 않으면 주님의 자리는 구석진 곳으로 밀려나고 말 것이다.

우리 가정의 우선순위는 누가 뭐래도 가정예배다. 예배 시간이 되면 긴급 상황이 아닌 이상 모두 하던 일을 멈추고 한자리에 모인다. 가족 간의 약속이자 하나님과의 약속이다. 가정예배를 포기할 수 없는 이유는 예배하지 못할 이유보다 예배할 이유가 더 많기 때문이다.

가정예배도 거룩한 습관이다. 예배가 습관이 되려면 노력과 열정이 필요하다. 다만 그 열정이 냄비처럼 끓어올랐다가 금세 식어버려서는 안 된다. 환경과 상황, 감정과 기분에 요동하지 않는 거룩한 습관으로 예배의 자리를 지킬 수 있어야 한다.

우리가 예배하는 이유는 중요한 본질, 바로 예수 그리스도를 잊지 않기 위해서다. 예수님을 믿는 가정은 그분이 최우선이어야 한다. 우리가 예배로 돌아갈 때 삶의 질서가 회복된다.

신축 아파트를 보면 종종 '구경하는 집'이 눈에 띈다. 사람들을 사로잡기 위해 고급 자재로 치장한 인테리어를 보는 순간, 당장 우리 집도 리모델링을 의뢰하고 싶어진다. 행복하고 편안한 집을 꿈꾸며 내 취향대로 집을 꾸미는 게 잘못은 아니지만 은혜의 가정은 사람들이 부러워하는 집이 아닌 '하나님이 거하시는 집'이 되어야 한다.

좋은 소파와 포근한 침대를 갖췄다고 해서 가정이 평안해지지 않는다. 비록 집은 좁고 허름해도 주위의 모든 가정이

'예배하는 집'을 보며 거룩한 소망을 품을 수 있어야 한다. 주님이 거하시고 동행하시는 가정이 가장 크고 좋은 집이다. 삶의 일부가 아닌 마음과 생각까지 그분의 거룩한 이름에 합당한 자리를 내어드림이 마땅하다.

내 자아와 경험, 욕심과 계획을 모두 비워낸 자리에 성령이 내주하실 때 주님이 최우선인 삶을 살게 된다. 육체의 소욕은 '미니멀 라이프'로, 주님의 은혜는 '맥시멀 라이프'로 그분이 주인 되신 삶을 살아내자. 자신이 은혜 없이 하루도 살 수 없는 먼지 같은 존재임을 안다면 지금 당장 시작하자. 가정예배가 먼저다.

> 그런즉 너희는 먼저 그의 나라와 그의 의를 구하라 그리하면 이 모든 것을 너희에게 더하시리라 마 6:33

말·기·찬(말씀, 기도, 찬양)만으로 충분한 예배

남편의 인도로 가정예배를 드린 어느 날, 요한복음 4장 23,24절 말씀을 다 같이 암송했다. 이 말씀을 먼저 선포하고 예배를 시작하는 날이 많다. 암송 후에 남편이 아이들에게 어김없이 질문을 던졌다.

"애들아, 하나님은 영과 진리로 예배하는 자들을 찾으신대.

그럼 영과 진리는 뭘까?"

"영은 성령님, 진리는 예수님이요."

"영은 성령님이고요. 진리는 말씀이니까 성령님과 말씀으로 예배하라고요."

어린 예배자들 입에서 사뭇 진지한 답을 들을 수 있어 감사했다.

하나님의 성전인 우리 안에 성령이 거주하심을 알아야 한다. 우리의 가정예배가 성령의 인도하심을 받아야 말씀, 기도, 찬양으로 온전한 예배를 드릴 수 있다. 성령과 말씀은 절대 분리할 수 없다. 성령께서 말씀을 통해 우리를 깨우치시고 변화시키시기 때문이다.

A. W. 토저는 "성령과 진리 안에서 예배해야 하는데 진리가 없는 곳에서 성령이 일하시지 않고, 성령이 계시지 않는 곳에서 진리만으로 예배해서도 안 된다"라고 말했다. 그것은 '불'은 없고 '신학'만 남는 예배가 될 거라고 말이다. 우리가 영과 진리로 예배해야 하는 이유다.

하나님의 말씀과 기도로 거룩하여짐이라 딤전 4:5

그들을 진리로 거룩하게 하옵소서 아버지의 말씀은 진리니이다
요 17:17

예배의 기본 구성요소는 말씀, 기도, 찬양이다. 가정예배를 드리려고 마음먹을 때 가장 염려하는 부분이 '말씀'이다. 성경 말씀을 깊이 알지 못해 전하기 어렵다는 부담감과 자신의 민낯을 아는 가족들 앞에서 부끄럽다며 가정예배를 포기하는 이들이 있다.

그러나 그 시간은 설교를 하거나 말씀을 가르치는 시간이 아니다. 하나님은 말씀 가운데 그분의 성품을 드러내시기에 우리는 말씀을 통해 하나님을 알고 기억하기만 하면 된다. 진리의 말씀이 우리를 친히 이끄시기 때문이다.

태초에 말씀이 계시니라 이 말씀이 하나님과 함께 계셨으니 이 말씀은 곧 하나님이시니라 요 1:1

말씀이 육신이 되어 우리 가운데 거하시매 우리가 그의 영광을 보니 아버지의 독생자의 영광이요 은혜와 진리가 충만하더라 요 1:14

말씀은 예수 그리스도 그 자체시다. 우리를 깨우쳐주시고 도와주시는 은혜의 방편이다. 말씀만으로 충분하다. 성경을 한 절씩 읽고, 사모하는 마음으로 말씀을 암송하고, 깊이 묵상한 말씀의 은혜를 나누며 하나님이 어떤 분인지 함께 알아가면 된다. 성경에서 말씀하시는 하나님의 크고 위대하심을 기억하며 우리의 소소한 삶에 역사하시는 그분을 발견해가는 시간이다.

가정예배 때 다양한 방법으로 말씀이신 하나님을 만날 수 있다. 우리 가정은 늘 성경 암송이 먼저다. 믿음으로 말씀을 선포할 때 지혜와 은혜를 주실 뿐 아니라 우리 삶을 진리의 말씀으로 조명해주시며 거룩한 길로 인도해주신다. 성경 암송은 성령충만한 삶을 살아갈 원동력이기에 말씀이신 하나님을 가정에 모시길 바란다.

함께 성경을 읽으며 말씀이신 하나님을 만날 수도 있다. 어린이성경부터 쉬운성경, 새번역 성경, 개역개정 성경 등 각자 눈높이에 맞는 성경으로 말씀을 읽고 성령의 인도하심을 따라 순종해보라.

말씀을 읽고 나누는 것을 넘어 말씀을 통해 변화의 자리까지 나아간다면 더 바랄 게 없다. 말씀을 나누고 적용하며 살아내기를 결단해보라. 말씀을 가정의 중심에 모실 때 나와 우리 가정이 변하고 그 자리에 하나님의 능력이 임할 것이다.

할렐루야 내 영혼아 여호와를 찬양하라 나의 생전에 여호와를 찬양하며 나의 평생에 내 하나님을 찬송하리로다 시 146:1,2

기도를 계속하고 기도에 감사함으로 깨어 있으라 골 4:2

말씀이 하나님께서 우리에게 보내주신 연애편지라면 찬양과 기도는 은혜 입은 우리가 하나님께 드리는 연애편지이자 마땅한 영적 행위다. 온 가족이 마음을 다해 찬양하고 전심으로 기도해야 한다. 때로는 힘차게 손뼉을 치면서, 크신 은혜에 눈물 흘리며, 또 어떤 날은 다윗처럼 춤추며 주님을 높여드리자. 찬양과 기도는 부메랑 같아서 염려와 고난 앞에 힘껏 던졌을 때 위로와 소망으로 되돌아온다.

아이들이 어릴 때 〈예수 사랑하심은〉을 자장가로 들려주었다. 자연스럽게 익히고 불렀던 찬양이 가정예배의 애창곡이 되었다. 새로운 찬양을 발견하거나 은혜받은 찬양이 있으면 함께 부르기도 한다. 주 안에서 같은 말씀과 찬양으로 소통할 수 있는 건 귀한 축복이자 큰 능력이다. 우리가 하나님의 섭리와 인도하심을 감사와 찬양으로 높여드릴 때 하나님은 말씀으로 응답하신다.

말씀과 기도도 떼려야 뗄 수 없는 관계다. 찬양과 기도 시간을 말씀으로 채울 수 있다. 기도는 내 뜻이 아니라 하나님의 뜻을 구하는 시간이다. 성령께서 깨우쳐주신 말씀으로 드리는 기도는 주님 뜻대로 기도하는 가장 확실한 방법이다. 곡조 없는 찬양인 시편을 선포하면서 주님을 찬양할 수도 있다. 함께 선포한 말씀으로 찬양하고 기도할 때 주님이 가정을 이끌어주실 줄 믿는다.

성경과 말씀에 갇혀계시고 문자로 만나는 하나님이 아니라 삶에서 살아 역사하시는 하나님을 만나는 자리가 가정예배다. 성령의 임재를 소망하며 가족이 한마음 한뜻으로 예배하자. 매일 기도와 예배가 쌓일 때 단순한 기도 응답에 그치지 않고 하나님의 역사에 동참하며 그분의 섭리와 인도하심을 목도할 것이다.

인도자에 따라 달라지는 다양한 예배

넷째 시온이의 인도로 가정예배를 드리는 날이었다. 아이들이 저마다 악기를 하나씩 들고 모였다. 첫째는 일렉 기타, 둘째는 베이스 기타, 셋째는 잡곡을 담은 통을 가져왔다. 넷째가 인도하는 날은 찬양이 길어질 줄 알고 대비한 것이다. 시온이는 예배 시간에 찬송가를 서너 곡 부른다.

첫 시작은 늘 찬송가 199장 〈나의 사랑하는 책〉이다. 꼭 1절부터 4절까지 다 불러야 한다. 다른 아이들이 한 곡만 불렀으면 하는 마음에 복화술로 회유하지만 아랑곳하지 않고 찬송가 몇 곡을 다 부른 뒤에야 오빠나 언니에게 기도를 권한다. 그래서 시온이가 인도하는 날은 예배가 좀 길다. 그러나 길면 긴 대로 짧으면 짧은 대로 찬양이 많고 적음을 불평할 수 없는 이유는, 예배 시간이기 때문이다.

우리 가정에는 여섯 명의 예배자가 있어서 인도자에 따라 다양한 예배를 드린다. 그래도 기본적인 예배 형식은 지킨다. 찬양, 예배를 여는 기도, 말씀, 중보기도, 하나님의 성품 찬양, 주기도문 순이다. 이 안에서 인도자의 성향과 역량에 따라 내용이 추가되기도 하고 예배의 모습과 시간 등이 달라진다.

일단 남편이나 내가 인도하는 날은 기도 시간이 다른 날보다 길다. 따로 시간을 내어 기도하는 게 쉽지 않은 아이들이 가정예배 때라도 뜨겁게 기도하기를 바라는 마음에서다. 내가 인도하는 날에는 주위 지체들의 다양한 중보기도 제목을 나누고 함께 기도한다. 남편은 다양한 질문으로 말씀 안에서 소통한다. 평소에는 주기도문으로 예배를 마치지만 남편이 인도하는 날에는 축도로 예배를 마친다.

첫째 조이가 예배를 인도하던 어느 날, 손수 가정예배 주보를 만들어 나눠주었다. 주보에는 그날 인도할 내용이 담겨 있었다. 그리고 기타를 치며 20분 남짓 찬양 인도를 했다. 꼬꼬마였던 아이가 어느새 훌쩍 자라 찬양을 인도하는 모습을 보니 얼마나 멋지고 감격스러운지 내 눈에서 하트가 마구 뿜어져 나왔다. 찬양 가사 한 소절 한 소절이 내 고백이 되어 눈을 감고 주님의 임재 안에 천천히 들어갔다.

감사와 기쁨의 찬송을 부르며 눈물범벅이 되어갈 무렵 아이들의 작은 손이 분주해진다. 한 명은 내 등을 토닥이고 또

한 명은 내 눈을 휴지로 꾹꾹 눌러준다. 예배 때 흘리는 엄마의 눈물에 익숙한 아이들이 위로의 손길을 내민다. 첫째가 인도하는 날은 자신이 제일 좋아하는 로마서 8장 전체를 암송하곤 한다. 긴 구절에 부담이 있지만 말씀을 암송할 때 주시는 은혜가 때마다 달라서 '아멘'으로 동참하고 있다.

둘째 온유가 인도하는 날은 다양한 순서가 즐비해 웃음으로 시작해 웃음으로 끝날 때가 많다. 아버지 성가대와 독특한 특순의 창시자답게 다양한 볼거리와 즐거움으로 예배를 인도한다. 찬양 한 곡을 불러도 다양한 악기와 테마를 사용하고 기도할 때도 자기만의 기준을 적용해 인도할 때가 많다.

교회에서 보고 배운 것을 가정예배에 응용하는 온유 덕분에 어디서도 볼 수 없는 열린 예배를 드리곤 한다. 온 가족의 적극적인 참여를 잘 이끌어내 아이들의 예배 몰입도가 가장 큰 예배 시간이기도 하다. 예배 시간이 짧아도 영향력 있는 예배 인도자다.

셋째 사랑이가 인도하는 날은 이름처럼 사랑이 가득하고 기본에 충실한 예배를 드린다. 함께 암송할 말씀을 정할 때도 얼마나 조심스럽고 신중하게 고르는지 모른다. 우리의 대화 가운데 오간 이야기들을 놓치지 않고 기도 시간에 꺼내놓아 깜짝 놀랄 때가 많다. 가족뿐만 아니라 동역자들의 기도를 세심하게 살피고 혹시 놓치기라도 하면 어김없이 알려준다.

사랑이의 세심한 성품이 녹아든 예배. 오빠들의 예배 인도에 엉덩이를 흔들며 신나게 예배하던 아기 사랑이도 어느덧 소녀 예배자로 은혜 가운데 자라고 있다.

가정예배이기에 인도자에 따라 색다른 예배를 존중하지만 자율성과 다양성이 부여되는 만큼 책임감도 따른다. 오만하고 무례하며 교만한 모습으로 인도하는 건 금물이다. 다양성을 존중하는 자유로운 예배를 허용한다고 해서 방종이 되어서는 안 된다. 자기 의견만 고집하고 주장하는 시간이 아니기에 인도자는 가족 모두를 품을 수 있는 포용력과 사랑, 인내와 겸손을 겸비해야 한다.

그와 함께 가족들은 엄숙할 때는 차분히 경건한 분위기를 따르고, 기쁨으로 나아갈 때는 누구나 다윗처럼 춤추며 예배자로 서야 한다. 육신의 성장만큼 영적인 성장을 기대하며 함께 예배할 때 이전보다 성숙하고 경건한 예배 모습을 갖출 수 있다.

할렐루야 그의 성소에서 하나님을 찬양하며 그의 권능의 궁창에서 그를 찬양할지어다 그의 능하신 행동을 찬양하며 그의 지극히 위대하심을 따라 찬양할지어다 나팔 소리로 찬양하며 비파와 수금으로 찬양할지어다 소고 치며 춤추어 찬양하며 현악과 퉁소로 찬양할지어다 큰 소리 나는 제금으로 찬양하며 높은 소리 나는 제금으로 찬양할지어다 호흡이 있는 자마다 여호와를 찬양할지어다 할렐루야 시 150:1-6

우리 가정만의 특별한 예배 디자인

지금까지 가정예배를 드리는 동안 많은 변화와 성장이 있었다. 아이들 눈높이에 맞춰 시작했던 예배가 해를 거듭할수록 성숙해졌고 다양한 예배의 모양새를 갖추었다. 여전히 부족하고 성장 중인 우리 가정의 예배가 훗날 어떤 아름다운 모습으로 자녀들에게 흘러갈지 기대된다.

가정예배에는 정답이 없다. 각 가정의 형편과 상황, 문화와 신앙의 성숙도, 나이와 수준에 맞춰 다양한 예배를 디자인할 수 있다. 그렇다고 경건의 모양만 있는 예배를 드려서는 안 된다. 말씀, 기도, 찬양의 기본적인 예배 구성요소가 녹아있어야 한다.

사실 가정예배의 프로그램보다 중요한 건 예수 그리스도이며 복음이다. 다양한 요소로 예배를 채우더라도 이를 잊어서는 안 된다. 우리가 죄인임을 인정하며 주님의 은혜를 구할 때 가정마다 필요한 지혜를 허락하실 줄 믿는다.

우리 가정의 예배 골격을 소개하려고 한다. 인도자에 따라 달라지는 부분이 있지만 기본을 벗어나지 않는 선에서 다양한 예배를 드리고 있다.

○ 찬양

예배 인도자의 인도에 따라 다양한 찬양을 함께 부른다. 가끔 아이들이 나서서 찬양 인도를 하기도 한다. 주중에 은혜받은 찬양을 부르거나 새로운 찬양을 배워서 부른다. 부부 예배의 경우 두 사람이 원하는 찬양을 부르면 되지만, 자녀가 있다면 그 눈높이에 맞는 찬양을 부르되 하나님을 높이는 주옥같은 가사가 담긴 찬송가를 부르길 권한다.

○ 예배를 여는 기도

인도자에게 요청받은 한 사람이 예배를 여는 기도를 준비한다. 가정예배의 모든 순서가 그렇지만 어린아이도 예외가 아니다. 아이에게도 기도할 기회를 주면 그 작은 입술에서 하나님의 역사가 시작된다.

○ 말씀

아이들이 어릴 때부터 말씀암송 가정예배를 드려온 터라 살아있는 말씀을 함께 암송하며 선포하고 은혜를 나눈다. 아이들의 요청에 따라 새로운 말씀을 외우기도 하고, 우리 가정에 필요한 말씀을 성령께서 이끄시면 그에 따른다. 기본적인 구성은 암송이지만 인도자에 따라 조금씩 더하기도 한다.

때로는 성경 한 장을 다 같이 읽고 나눔의 시간을 갖는다. 각자 은혜받은 구절을 말하고 삶으로 어떻게 살아낼지 결단한다. 함께 묵상하고 싶은 말씀을 발견하면 묵상 노트를 가지고 모여서 각자 만난 하나님과 그 은혜를 나눈다.

성경의 교리 부분을 배우기도 한다. 말씀을 읽고 서로의 생각을 나눈 후에는 성경이 말하는 바를 알려주는 게 좋다. 어린 자녀가 있다면 어린이성경을 사용해도 괜찮다.

○ 특순

준비한 특순을 하나님께 올려드리는 시간으로 인도자에 따라 유동적이다. 새로 암송한 말씀, 율동, 찬양, 악기 연주 등 가족이 돌아가면서 다양한 특순 시간을 가져보긴 권한다. 넘치는 기쁨과 은혜를 경험할 것이다.

○ 중보기도

함께 손을 모으는 시간이다. 나라와 민족, 교회와 사역자, 믿지 않는 가족과 동역자를 위해 기도하고, 주위 사람들의 중보기도 제목과 우리 가정의 기도 제목을 놓고 함께 기도한다. 아이들이 특별한 제목으로 기도를 요청하거나 아픈 가족이 있다면 함께 손을 얹고 집중적으로 기도하며 위로하고 격려한다. 용서와 사랑, 위로와 소망의 기도를 쌓으며 눈물로 채워지는 시간이다.

○ 하나님의 성품 찬양

"하나님은 이런 분이십니다!"라고 주님을 찬양하며 사랑을 고백하는 시간이다. 우리의 예배 대상이신 하나님이 어떤 분인지 선포하는 시간이기도 하다. 주로 말씀에서 발견한 하나님의 성품을 찬양하거나 개인적으로 체험한 그분의 성품을 찬양한다. 한 사람씩 돌아가며 하나님의 성품을 찬양하면 다 함께 "아멘!"으로 화답하고 주님을 높여드린다. 하나님의 성품을 찬양하기 전에 감사를 나누기도 한다.

○ 주기도문

아이들이 어릴 때는 노래로 주기도문을 외웠다. 가정예배에서 자연스럽게 주기도문을 외운 덕에 아이들은 교회학교 예배에 쉽게 적응할 수 있었다. 주님이 가르쳐주신 기도를 또박또박 천천히 각자의 신앙고백으로 드린다.

○ 하나님께 영광의 박수

모든 순서를 마치면 손을 머리 위로 올려 하나님께 영광의

박수를 올려드린다. 찬송과 영광을 받기에 합당하신 하나님께 경의를 표하고 예배를 마친다.

복음과 예수 그리스도가 중심인 우리 가정만의 예배를 디자인해보자. 다른 가정의 예배를 참고하되 가정마다 창의적이고 다양한 예배로 디자인하길 바란다.

가족 구성원의 나이와 신앙 수준을 고려해 눈높이에 맞는 예배를 세워가자. 자녀가 이해하기 어려운 예배는 그들의 참여와 집중도를 떨어뜨린다. 자녀에게 영적 근육이 생길 때까지 세심한 존중과 배려가 필요하다.

처음부터 너무 많은 것을 시도하지 않길 바란다. 기본적인 예배 순서가 자리 잡은 후에 온 가족이 하나님께 기도하면서 우리 가정을 위해 특별히 예비해두신 고유한 보물을 발견하길 바란다. 온 가족이 함께하는 예배, 가정의 전통과 믿음의 유산을 전수하는 예배가 세워지길 기도한다.

너희 중에 누구든지 지혜가 부족하거든 모든 사람에게 후히 주시고 꾸짖지 아니하시는 하나님께 구하라 그리하면 주시리라 약 1:5

05

하나님이
찾으시는
예배자

자녀를 예배 인도자로 세우려면

우리 집은 남편부터 막내까지 모두가 돌아가며 예배를 인도한다. 전통적인 가정예배를 고수하는 가정이라면 반드시 가장 혹은 어른이 예배 인도를 해야 한다는 고정관념이 있을 수 있다. 하지만 나이와 상관없이 누구나 예배자가 될 수 있고, 예배 인도자도 될 수 있다고 생각한다.

자녀를 예배자로 세우려면 부모가 먼저 예배자가 되어야 한다. 예수 그리스도와 인격적인 관계 안에서 본을 보이며 예배자로 함께 서는 것이다. 자녀의 믿음과 변화는 부모로부터 시작됨을 잊지 말아야 한다.

우리 가정은 아이의 말문이 트이면 예배 인도자로 세웠다. 그래서 아이들이 첫 예배를 인도했던 시기가 대략 서너 살쯤이었다. 아이들도 예배 인도자의 자리를 사모하고 그 자리에서는 날을 손꼽아 기다렸다. 부모와 형제가 인도하는 모습을 그대로 따라 하는 게 첫 시작이었다. 그렇게 학습된 예배는 점차 자신의 나이에 맞게 재구성되어 다양한 예배가 되었고, 키와 믿음과 지혜가 자라듯 아이들이 예배를 인도하는 모습도 자라났다.

어린아이를 예배 인도자로 세우는 게 공적인 예배라면 어렵지만 가정예배이기에 가능하다. 가정예배 안에서는 모든 것이 허용되기 때문이다. 틀에 박힌 고정관념을 깨고 가정예배의 새로운 패러다임을 받아들이면 온 가족이 즐거운 마음으로 예배에 참여할 수 있다.

아무리 어린아이라 할지라도 인도자로 서면 가족 모두가 그 권위에 순복하는 걸 원칙으로 한다. 지위와 나이와 권위를 떠나 하나님을 예배하는 같은 예배자이기 때문이다. 반대로 아무리 어려도 인도자의 자리에 설 때는 책임감을 갖도록 가르친다.

정신없이 일상을 살다가 예배를 놓치기라도 하면 아이들이 앞장서서 예배를 드리자고 나선다. 피곤을 견디지 못해 일찍 잠든 날이면 아이들이 예배 시간을 알리며 하나둘 깨우러 온다. 눈꺼풀이 천근만근인 어느 날, 아이들 목소리가 아득하게 들렸다.

"엄마가 오늘 너무 피곤하신 것 같아. 그냥 주무시게 우리끼리 예배드리자. 오늘 예배 인도 누구지?"

비몽사몽 중에 들려오는 아이들의 예배 소리가 달콤한 자장가 같았다. 장례나 급한 일로 함께 예배할 수 없을 때는 각자의 자리에서 예배로 모였다. 아이들을 예배자로 세운 덕에 예배를 놓치지 않고 드릴 수 있었다. 떨어져 있어도, 함께하지 못해도 안심할 수 있는 이유는 우리 모두 예배자이기 때문이다. 자녀를 예배 인도자로 세우면 어린아이들과 젖먹이들의 입으로 하나님의 권능을 세우심을 볼 것이다. 어릴 때부터 예배 인도자로 선 경험은 훗날 가정을 이룬 후에도 변함없이 예배의 자리로 나아가는 원동력이 될 줄 믿는다.

주의 대적으로 말미암아 어린아이들과 젖먹이들의 입으로 권능을 세우심이여 이는 원수들과 보복자들을 잠잠하게 하려 하심이니이다

시 8:2

태에서부터 이미 예배자

임신 중에 예배를 드리고 나면 배 속의 아이를 축복하는 시간을 가졌다. 첫째는 세 명의 동생을 태교할 때부터 함께했기에 베테랑이 되었다. 태아의 이름을 불러가며 말씀과 찬양과

기도를 들려주고 축복해주면 아이는 태동으로 반응하며 화답했다.

아이가 태어나면 제일 먼저 하나님께 감사예배를 드렸다. 태에서부터 존중받고 사랑받은 아이는 세상의 빛을 보자마자 축복 샤워를 받으며 또 한 명의 예배자로 환영식을 치렀다. 아이들은 갓난아기의 귀여움에 환호했고 한 명씩 손을 얹고 축복의 메시지를 전했다.

아기가 잠들면 육아하는 엄마에게는 천국이 임하지만 가정예배 때는 일부러 예배의 자리에 데려갔다. 태에서부터 함께했던 익숙한 자리여서인지 아이는 놀라지 않고 안정감과 평안함을 누리며 함께했다.

예배 시간에 아이가 깨도 젖을 물리며 예배의 자리를 지킨 이유는, 어릴 때부터 가정예배가 자연스러운 일상이 되길 바랐기 때문이다. 태에서부터 듣던 말씀이 자양분이 되고 엄마의 기도를 통해 주님과 깊이 호흡하는 법을 배우며 찬양의 선율과 리듬을 익혀간다면 예배가 낯설지 않고 친숙할 것이다.

예수는 지혜와 키가 자라가며 하나님과 사람에게 더욱 사랑스러워 가시더라 눅 2:52

아이가 어릴 때부터 "말씀과 예배로 키운다"라고 하면 주위에서 유난스럽다는 소리를 많이 했다. 구별된 자녀로 키우려는 건데 유별난 아이로 키운다고 생각하는 것 같았다. "그렇게 애쓰지 않아도 언젠가 하나님 앞에 오게 되어 있으니 너무 힘쓰지 말라"라는 조언도 들었고, "세상에서 놀 만큼 놀다가도 결국 하나님께 굴복했다"라고 말하는 사람도 있었다. 물론 틀린 말은 아니다. 예수님을 만나는 그때부터가 진짜고, 시작임을 나도 잘 안다.

탕자처럼 살다 와도 하나님은 자녀를 포근하게 품어주시고 잔치를 열어주신다. 하지만 신앙이 있는 부모로서 자녀를 사명감 없이 방임하고 싶지 않기에 그들의 손을 놓지 않았다. 주님은 마땅히 행할 길을 아이에게 가르치고, 주의 교훈과 훈계로 양육하라고 명하셨다(엡 6:4).

주 안에서 함께 누려야 할 금쪽같은 시간을 낭비할 이유가 있을까. 모태신앙을 '못해 신앙'의 프레임으로 부정적으로 바라보는 사람도 있다. 하지만 태교를 시작으로 신앙교육에 정성과 사랑을 쏟는다면 절대 '못해 신앙'이 될 수 없다. 바울은 거짓 없는 믿음이 디모데에게 있다고 확신하면서, 그 믿음은 먼저 외조모 로이스와 어머니 유니게 속에 있었다고 말한다(딤후 1:5). 거짓 없는 믿음은 그냥 얻어지는 게 아니다.

요게벳은 모세를, 한나는 사무엘을, 엘리사벳은 세례 요한을, 마리아는 예수님을 그렇게 키웠다. 우리의 경험과 반추가 진리를 거스르지 않길 바란다. 말씀을 믿고 따를 때 시편 기자의 고백처럼 모태에서부터 주를 의지하고 어릴 때부터 주를 신뢰하며 항상 주를 찬송하는 자녀로 성장할 것이다. 자녀를 태에서부터 예배의 자리에 초대하자. 요람에서 무덤을 넘어 모태에서 천국까지 예배자로 살아가길 소망하면서 말이다.

> 주 여호와여 주는 나의 소망이시요 내가 어릴 때부터 신뢰한 이시라 내가 모태에서부터 주를 의지하였으며 나의 어머니의 배에서부터 주께서 나를 택하셨사오니 나는 항상 주를 찬송하리이다
>
> 시 71:5,6

기쁨에 찬 첫 예배 인도

태에서부터 매일 예배를 드린 셋째 사랑이도 자라면서 자연스럽게 가정예배를 인도하게 되었다. 난 아이들이 인도한 첫 예배를 잊지 못한다. 아이들은 호기심 어린 눈으로 지켜봤던 예배를 자신이 인도했다는 성취감에 뿌듯해하며 쉽사리 자리를 떠나지 못한다. 사랑이가 세 살 때 인도한 첫 예배는 2,3분 만에 끝났다.

"예배 드리게쯔미다."

"다 같이 말씀하시 때에 창세기 하게쯔미다."

"다 같이 찬양하시 때에 싹트네 하게쯔미다."

"이제 기도 하게쯔미다."

서툰 발음으로 자신이 암송할 수 있는 창세기 1장 1절을 암송하고, 좋아하는 찬양인 〈싹트네〉를 부르고, 보고 배운 대로 기도 인도를 했다. 짧게 드린 예배였지만 구성요소가 모두 담긴 완벽한 예배였다.

하루는 사랑이가 예배 인도 자리를 꿰차는 사건도 있었다. 아이가 37개월쯤 되었을 때였는데 교회에서 주일예배를 드리고 집에 가기 위해 주차장을 빠져나오자마자 사랑이가 선수를 쳤다.

"다 같이 예배드리겠습니다."

"오늘은 사랑이가 예배 인도할까요?"

"네!!!"

우렁찬 목소리로 포부를 드러냈다.

"다 같이 찬양하겠습니다."

사랑이의 인도로 모두 힘차고 신나게 찬양했다.

"제가 기도하겠습니다. 하나님 아버지, 감사합니다. 우리가 예배드릴 때 장난치지 아니하고 떠들지 아니하고 싸우지 아니하도록 '함께하여' 주시옵소서. 그리고 아버지, 어머니, 조이 오빠, 온유 오빠, 나, 시온이와 '함께하여' 주시옵소서. 예수님 이름으로 기도했습니다. 아멘."

'함께하여'에 힘주어 말하는 모습이 너무 깜찍해서 어쩔 줄 몰랐다. 신명기 6장 암송을 시작으로 시편 100편과 23편, 로마서 3장 23,24절 말씀을 다 같이 암송했다. 중간에 오빠들이 인도를 도와주려고 끼어들면 자기가 할 수 있다며 뿌리치고 끝까지 예배를 마쳤다.

"우리 사랑이 최고!"

오빠들 못지않게 야무지게 예배를 인도하는 사랑이에게 엄지를 치켜올렸더니 쑥스러움과 자신감이 섞인 귀여운 웃음을 보여주었다.

사회 보는 오빠의 마이크를 호시탐탐 노리고, 특순 하는 오빠들 옆에서 현란한 몸동작을 보여주고, 함께 말씀을 선포할 땐 "다다다다" 자기만의 언어로 자기도 할 수 있음을 증명해 보였다.

유아기에는 부모가 예배하는 모습이 아이에게 그대로 투영된다. 스펀지처럼 흡수하는 시기이므로 아이의 눈높이에 맞는 예배자의 모습을 적극적으로 보여주어야 한다.

아이에게 보이기 위해 드리는 예배는 아니지만 부모를 통해 배운 아이는 하루가 다르게 성장한 모습을 보여줄 것이다. 자녀가 예배를 사모하는 예배자로 서길 원한다면 칭찬과 격려로 세워주고 예배 시간이 기쁨의 축제가 되도록 준비해야 한다. 또한 함께 예배하는 감격의 순간을 영상과 사진으로 많이 남겨두길 바란다. 자녀에게 소중하고 귀한 선물이다. 우리 집 아이들은 마르고 닳도록 그 영상을 돌려본다.

> 사람들이 예수께서 만져주심을 바라고 자기 어린 아기를 데리고 오매 제자들이 보고 꾸짖거늘 예수께서 그 어린아이들을 불러 가까이하시고 이르시되 어린아이들이 내게 오는 것을 용납하고 금하지 말라 하나님의 나라가 이런 자의 것이니라 내가 진실로 너희에게 이르노니 누구든지 하나님의 나라를 어린아이와 같이 받아들이지 않는 자는 결단코 거기 들어가지 못하리라 하시니라
>
> 눅 18:15-17

설거지하고 빨래하는 예배자

"엄마, 오늘 목사님이 엄마 얘기를 하시던데요?"

주일 예배를 드리고 나오는데 아이들이 앞다퉈 말했다.

"역시 엄마는 성령충만한 분이었어. 기적이 일어날 거예요."

"무슨 말이야?"

"오늘 목사님이 그러셨잖아요. 평소에 '주여!', '아버지!'를 많이 하는 사람은 성령충만한 사람이라고요."

설교 시간에 언제든 주의 이름을 부를 때 기적이 일어나며

평소에 주님을 찾는 사람은 성령충만한 사람이라고 하신 말씀을 두고 하는 말이었다.

"주여", "아버지!"

절망과 낙심의 순간, 소망과 기쁨의 때, 허망함과 허무함 앞에서, 위험과 두려움의 자리에서, 탄식과 탄성이 나올 때나 행복한 순간에도 내 입에서 나오는 말이다. 상황에 따라 말의 빠르기와 높낮이, 세기가 달라지지만 그 안에는 나의 참 고백이 담긴다. 무의식적으로 새어 나와도 매 순간 하나님의 임재 안에 있음을 상기시켜주는 능력 있는 말이 '주여, 아버지'다.

도무지 힘과 의욕이 없을 때, 쉴 새 없이 돌아가는 쳇바퀴 같은 일상에서, 내 맘대로 되는 일이 하나도 없는 날에도 치열하게 살아내고 지켜야 하는 게 엄마의 자리라면, 날마다 무너져도 다시 일어날 수 있는 은혜의 자리, 새롭게 변화되고 사랑할 수 있는 곳이 예배의 자리다.

세상에서 가장 아름다운 이름인 '엄마'의 직분을 감당하기 위해서는 일상의 과업 속에서도 하나님의 임재를 의식하며 살아가야 한다. 주님은 땅이 꺼질 듯한 한숨에도 나와 함께 호흡하시고 넘어져도 마음을 보듬어 일으켜주시기 때문이다.

난 은혜받은 찬양이 있으면 내 고백이 될 때까지 듣고 또 듣는다. 그러다 보면 설거지하다가도 눈물을 흘리고, 하던 일을 멈추고 피아노 앞에 앉아 찬양하기도 한다. 내가 은혜의 찬양을 만나면 아이들도 단단히 각오한다. 집 안을 가득 메운 찬양이 얼마나 오랫동안 울려 퍼질지 모르기 때문이다. 또 얼마 지나지 않아 가정예배 때 부를 것을 알기에 엄마의 예배를 헤아리고 공감해준다.

지나온 시간을 돌아보면 특별하고 대단한 예배의 자리에만 하나님의 은혜가 있었던 것은 아니다. 큰 기적과 이적을 통해서도 하나님의 역사를 볼 수 있지만 소소한 일상 가운데 주님의 섭리와 인도하심을 깨닫는 삶이 가장 복된 삶이다.

무소부재하신 하나님은 우리가 어디서 무엇을 하든지 은혜로 함께하시며 불기둥과 구름기둥으로 인도하신다. 거룩한 성전인 우리 안에 거하시며 예배받길 원하신다. 화려하고 주목받는 자리가 아닌 삶에서 그분을 영화롭게 하고 즐거워하는 일이 최고의 예배가 아닐까. 진정한 예배자라면 삶의 구석구석에 예배가 스며들어야 한다.

그래서 나는 밥하고 설거지하는 예배자, 청소하고 빨래하는 예배자, 허드렛일하는 예배자, 아이들을 돌보고 함께 예배하는 예배자로 살아간다. 하루하루 은혜 없이는 살아갈 수 없는 연약한 하루살이 '엄마 예배자'다.

하늘에 계신 우리 아버지께 일용할 양식뿐 아니라 일용할 은혜, 감사, 회개, 용서, 사랑, 겸손, 기쁨, 자비, 절제, 충성,

인내 등 모든 것을 간구하며 삶에 아버지의 뜻을 이루는 예배자가 되길 소망한다.

내 생각과 마음이 하나님이 거하시는 성소가 되도록 그분을 경외하며 하루하루 최선을 다하자. 매일 나와 이웃을 뜨겁게 사랑하고 감사하며 살아갈 때 내 삶이 가장 아름다운 예배 처소가 될 줄 믿는다.

그러므로 형제들아 내가 하나님의 모든 자비하심으로 너희를 권하노니 너희 몸을 하나님이 기뻐하시는 거룩한 산 제물로 드리라 이는 너희가 드릴 영적 예배니라 롬 12:1

06

슬기로운
예배
생활

가정예배 로드맵

○ 서열 정리하기

가정에서 주인 삼은 모든 걸 내려놓고 오직 예수 그리스도를 주인으로 모셔야 한다. 예수님을 이방인 취급하며 주인 없는 가정예배를 드려선 안 된다. 우리가 죄인임을 기억하자! 예배의 자리는 예수님의 십자가 공로로 받은 귀한 선물이다.

○ 가정예배 디자인하기

가족과 회의를 통해 우리 가정만의 예배를 기획하고 디자인해보자. 먼저 예배드릴 날짜와 시간을 정하자. 매일, 주중, 주말 등 가족이 함께 예배할 날짜를 정하고 예배에 이름도 붙여보자. 예를 들어 화요일과 목요일에 드리는 '화목한 가정예배', 불타는 금요일에는 '성령의 불 가정예배', 주일을 준비하는 '토요 가정예배' 등 특별한 이름으로 결속력을 다지면 좋다. 그 다음 예배 시간을 정한다.

저녁 식사 후에 자연스럽게 이어지길 추천하지만, 온 가족이 모일 수 있는 시간을 정하면 된다. 그러고 나서 예배 순서와 구성을 디자인해보자. 각 가정의 형편과 상황, 나이와 신앙의 성숙도를 고려해 세워가면 된다.

○ 예배 알람 맞추기

핸드폰으로 가정예배 시간에 알람을 맞춰놓자. 예배 관련 찬양이 울리도록 하면 더 효과적이다. 알람이 울리면 위급한 상황이 아닌 이상 하던 일을 멈추고 예배의 자리로 나오는 걸 원칙으로 한다. 예배를 지키는 장치가 될 수 있다.

○ 예배 처소 정리 정돈

예배드리기에 적합한 장소를 정한다. 거실, 식탁, 안방 등 예배 전에 주변을 깨끗하게 정돈하자. 예배 처소뿐 아니라 주님이 거하시는 마음과 생각도 정돈이 필요하다. 온전히 주님께 집중할 수 있는 예배 공간을 마련해 정리 정돈하자.

○ 예배 포스터 만들기

예배를 떠올릴 수 있는 문구나 그림, 가족이 예배하는 사진을 거실에 걸어두면 좋다. 일상에서 예배를 기억할 수 있는 이미지와 말씀을 통해 거룩한 부담으로 예배하는 삶이 되도록 도와준다.

○ 무조건 시작하기

가정예배를 드리기로 결단했다면 무조건 바로 시작하자. 가족이 신자가 아닐 경우엔 혼자서라도 예배를 드리며 복음의 문을 열어야 한다. 가족이 다 모이지 못해도 괜찮다. 함께할 수 있는 가족만 모여도 된다. 자녀가 없으면 부부예배로 시작하고 자녀가 출가했으면 노부부예배로 드리면 된다. 또 명절이나 가족 모임 때 함께 예배해보자. 이유를 불문하고 일단 시작하라. 문밖에서 가정예배를 기다리고 계신 주님을 더는 외면하지 말자.

○ 화목한 식탁 교제 준비하기

예배 전에 식탁에서 나누는 교제가 평온하고 화목해야 행복한 예배로 이어질 수 있다. 서로의 일상과 다양한 주제로 대화를 나누다 보면 대화 내용이 기도 제목으로 옮겨가기도 한다. 맛있게 식사하며 서로 소통하고 단합할 수 있는 시간이 꼭 필요하다. '가정'이라는 작은 교회는 행복한 식탁, 은혜의 예배, 용납과 사랑의 '코이노니아'(교제, 사귐)가 있을 때 더욱 풍성해진다.

○ 말씀은 이렇게!

말씀은 다양한 방법으로 나눌 수 있다.

암송: 가족과 말씀을 선포하며 말씀이신 하나님을 마음에 모시는 시간이다. 단 암송 여부를 점검하는 시간이 아님을 명심하자. 한 구절이라도 깊이 묵상하고, 한 소절 한 소절 믿음으로 선포하며 마음에 새기면 된다.

성경 읽기: 성경을 순서대로 통독하거나 잠언이나 시편 말씀 등 함께 읽을 성경을 정하고 읽어나가자. 돌아가면서 한 절씩 읽거나 한목소리로 읽어도 좋다. 말씀 가운데 게신 하나님의 성품과 역사를 발견하고 내 삶에 적용하자.

교리: 기독교 신앙의 입문서라고 할 수 있는 교리를 가정예배 시간에 활용해보길 바란다. 성경의 핵심을 배우고 이해하는 발판이 될 수 있다. 성경을 읽고 교리도 한 장씩 읽고 나서 나눔의 시간을 가져보자. 말씀 시간이 풍성해질 것이다.

말씀 묵상: 아침에 묵상한 말씀을 저녁 가정예배에서 나눠보자. 같은 말씀으로 묵상했더라도 가족마다 은혜와 적용이

다르기에 풍성한 나눔이 될 수 있다.

가정예배 지속을 위한 맞춤 처방

○ 예배 미루지 않기

생명과 직결된 위급한 일을 제외하고는 잠시 미뤄도 괜찮다. 예배드리는 짧은 시간에 큰일이 일어나지 않는다. 급하다고 생각되는 일에 집중하다 보면 가치 있고 소중한 일을 놓친다. 우리 가정에 가장 중요한 일이 무엇인지 알고 결단해야 한다. 게으름과 안일함, 조급함을 내려놓고 가정예배에 거룩한 책임감을 갖고 우선순위를 지켜나가자.

○ 모든 적용은 나부터!

말씀의 적용은 반드시 자신을 향해야 한다. 다른 사람을 변화시키기 위한 도구로 사용해서는 안 된다. 부모와 자녀는 말씀 앞에 동등하다. 말씀 나눔 시간은 부모가 자녀를 가르치는 시간이 아니라 말씀이 우리를 가르치시는 시간임을 잊지 말자. 다른 사람의 변화를 바라며 내 뜻을 구하는 기도 제목 나눔도 금물이다. 모든 예배는 내가 먼저 죄인임을 깨닫는 시간이다.

○ 참된 예배자 되기

참된 예배자가 되기 위해 태도와 복장도 중요하다. 귀빈이 함께한다면 우리의 예배 태도는 확연히 달라질 것이다. 하나님을 경외하는 코람데오의 참된 예배자가 되자. 부모가 먼저 정돈된 모습으로 본을 보이고 자녀들도 예의를 갖추도록 도와야 한다.

○ 예배 시간 훈육 금지

아이들의 예배 태도가 마음에 들지 않아도 훈육은 반드시 예배 후로 미뤄야 한다. 가정예배 시간은 율법 아래 행동을 교정하고 강제로 성화시키는 자리가 아니다. 주 안에서 사랑하는 법을 배우는 시간이다. 부모의 기준에 맞지 않아도 노여워하지 말고 함께 예배자로 서는 노력이 필요하다. 순간의 선택으로 예배가 얼음장으로 변하지 않도록 늘 깨어 기도하자.

○ 가족을 중보자로 세우기

아이들이 기도에 적극적으로 동참하지 않을 때는 다양한 기도 방법을 시도해보자. 우리 가정이 시도한 가장 탁월한 방법은 돌아가면서 릴레이 기도를 하는 것이다. 기도 제목마다 합심해서 기도하고 한 사람씩 마무리 기도를 할 때 한 사람도 빠짐없이 기도의 중보자가 될 수 있다.

○ 통화예배, 영상예배

가족 구성원이 타지에 있거나 모일 수 없을 땐 각자의 자리에서 예배를 드려도 괜찮지만, 일주일에 한 번은 통화 혹은 영상으로 모여 예배하길 바란다. 몸은 떨어져 있어도 주님께 마음을 모으는 시간이 필요하다. 혼자가 아닌 '같이'의 능력을 경험하길 바란다.

어린 예배자를 위한 특별 처방

어린아이와 예배드리는 일이 쉬운 건 아니다. 하지만 쉐마 말씀처럼 "집에 앉았을 때에든지 길을 갈 때에든지 누워있을 때에든지 일어날 때에든지"(신 6:7) 매 순간 가르치며 인내하는 시간이 필요하다. 자녀와 함께 성장하는 시간으로 여기며 부지런히 가르칠 때 믿음의 동역자로 자라게 될 것이다.

○ 돌아다니며 예배를 방해하는 아이

어린 아기는 풀어두어도 괜찮다. 단 소리를 내며 소란을 피운다면 품에 안고 예배드리길 권한다. 엄마 품에서 예배하는 모습을 하나씩 배우도록 가르쳐야 한다. 아이 전용 방석을 준비해서 예배의 자리에 앉는 연습부터 시켜보자. 아이가 좋아하는 캐릭터를 이용하면 효과적이다. 예배 시간에 자신의 방석에 앉아 자리를 지키는 것부터 훈련의 시작이다. 예배 후 적절한 보상은 아이를 춤추게 할 것이다.

○ 예배 시간마다 눕는 아이

멀쩡하다가도 "예배드리자"라는 한마디에 졸리다며 드러눕는 아이가 있다. 영아기 아이는 누워있게 해도 괜찮다. 하지만 유아기나 학령기 아이는 힘든 마음을 헤아려주며 다독일 필요가 있다. 아이가 청소년기에도 누워서 예배드리진 않을 테니 걱정하지 않아도 된다. 아픈 아이도 누워서 예배드릴 수 있도록 배려하자. 그 시간에 함께하는 것만으로 감사한 일이다. 아이의 나이와 집중력을 고려하지 않은 어른 기준의 예배는 지양해야 한다.

○ 가정예배를 싫어하는 아이

억압과 압제는 아이를 변화시키지 못한다. 가정예배를 드리는 횟수보다 간단한 순서를 짧게 구성하여 한 번의 예배라도 아이와 같이 드리는 데 목표를 두자. 부모와 자녀의 관계 회복이 먼저다. 아이가 가정예배를 싫어하는 이유를 파악하고 그 원인부터 해결하는 게 좋다.

부모와 소통하고 함께하는 걸 좋아하는 아이라면 어느 자리라도 함께할 수 있다. 아이가 가정예배를 잠시 떠나있다면 부모는 늘 아이를 위해 기도하고 응원과 지지를 보내야 한다.

○ 반응 없는 사춘기 아이

사춘기는 영육이 끊임없이 변화하는 '질풍노도의 시기'다. 예배의 자리를 지켜주는 것만으로 감사한 일이다. 화초에 물을 주듯 날마다 기도와 사랑으로 조금씩 아이의 마음 문을 열어야 한다. 아이의 부정적 반응에 휘둘리지 말고 아이를 적극적으로 지지하며 격려해주자. 무엇보다 아이와 친밀한 관계를 유지하는 데 힘써야 한다. 아이의 관심사에 귀를 기울이고 함께하길 바란다. 사춘기 아이들은 '내 편'이라고 생각할 때 마음 문을 연다.

○ 자녀들의 나이 차가 큰 경우

자녀들이 돌아가면서 예배 인도할 기회를 주자. 예배를 인도하면서 존중과 배려를 배우게 된다. 자녀가 어려서 예배를 인도하기 어렵다면 어린 자녀의 눈높이에 맞춰주는 것이 지혜롭다. 어린 자녀와 도저히 같이 예배할 수 없다면 큰아이와 예배를 드리고, 자기 전에 작은 아이와 잠깐이라도 기도 시간을 갖길 바란다.

07

절기
가정예배
드리기

예수님을 기억하는 특별한 예배

우리 가정은 특별히 예수 그리스도의 생애주기에 따른 '절기 가정예배'를 드린다. 신앙적으로 중요한 의미를 부여하며 영적인 교훈을 줄 수 있는 귀한 시간이다.

"의지를 변화시키는 것은 정보가 아니라 경험이다."

달라스 윌라드의 《하나님의 임재》에 나오는 말이다. 이론적인 가르침보다 예배를 통해 하나님을 만나고 몸과 마음으로 기억하는 실질적인 교육이 유산으로 남는다. 교회력을 따르는 절기 외에도 국경일을 기억하고 함께 기도하는 가정예배는 나라 사랑과 주님의 은혜에 감사하는 시간이 될 수 있다.

예수님을 기억하는 절기 가정예배는 말씀과 찬양도 절기에 맞는 것으로 준비한다. 성경에서 만난 예수님의 생애와 하신 일을 기억하며 예배할 때 막연한 믿음에서 실제적인 믿음으로 성장하며 하나님을 만나는 자리가 될 것이다.

○ 대림절과 성탄절

우리 가정은 일찌감치 산타클로스의 정체를 드러냈다. 아이들에게 '예수 그리스도 없는 성탄절'을 가르쳐주고 싶지 않았기 때문이다. 성탄절에 선물을 기대하기보다는 아기 예수님의 탄생을 기뻐하는 아이들이 되길 바랐다. 덕분에 성탄절 4주 전부터 시작되는 대림절에 성탄을 준비하며 트리를 장식했다.

아이들은 해마다 색다른 이벤트를 준비한다. 예수님에게 축하 편지를 쓰고 그림을 그려 거실 벽면을 가득 채우기도 했다. 한 해 동안 일어난 다양한 일에 감사를 더해 사진 트리를 만들거나 예수님에게 드릴 선물을 준비해 트리 밑을 장식하기도 했다.

대림절에는 예수님의 탄생을 기다리고 기대하는 가정예배로 드린다. 하늘 영광을 버리고 낮고 낮은 이 땅에 오신 예수님의 생일을 기대하며 기쁨과 감사로 예배한다. 아이들은 대림절 기간에 누가 먼저랄 것도 없이 트리에 불을 밝히고 예배한다. 성탄절에는 본인들의 생일이 아님에도 예쁜 케이크를 준비하자고 성화다. 예수님을 위한 생일 축하 노래를 부르고 성탄 찬양을 부른다. 그 어떤 예배 때보다 예수님을 간절히 소망하게 된다.

마태복음 1장 21절

아들을 낳으리니 이름을 예수라 하라

이는 그가 자기 백성을

그들의 죄에서 구원할 자이심이라 하니라

마태복음 1장 23절

보라 처녀가 잉태하여 아들을 낳을 것이요

그의 이름은 임마누엘이라 하리라 하셨으니

이를 번역한즉 하나님이 우리와 함께 계시다 함이라

누가복음 2장 11절

오늘 다윗의 동네에 너희를 위하여 구주가 나셨으니

곧 그리스도 주시니라

누가복음 2장 14절

지극히 높은 곳에서는 하나님께 영광이요

땅에서는 하나님이 기뻐하신 사람들 중에

평화로다 하니라

○ 사순절과 성금요일

부활주일 전 40일 동안 예수님의 고난을 묵상하는 사순절 기간에도 특별한 가정예배를 드린다. 삼시 세끼를 꼬박꼬박 챙겨 먹고 한 끼만 굶어도 힘들어하는 형제들이 중학생이 되면서 자발적으로 아침 금식에 동참하고 있다.

사순절이 시작되는 첫날(재의 수요일)에는 남편이 재와 올리브유를 준비해 아이들의 이마와 손목에 십자가를 그어준다. 우리 죄를 대속해주신 주님의 은혜에 감사하며 다 같이 손을 잡고 회개하는 시간을 갖는다. 사순절 기간에는 매일 예수님을 묵상할 수 있는 말씀을 암송하거나 성경을 읽고 나눈다. 예수님의 십자가 고난과 죽음을 깊이 묵상하는 기간이다.

아이들이 어릴 때는 고난주간에만 미디어 금식을 했다. 하지만 지금은 우리의 죄를 해결할 유일한 방법은 오직 주님의 보혈의 능력밖에 없음을 고백하며 더 깊이 묵상하고 나누는 사순절 가정예배를 드린다.

성금요일에는 예수님이 본을 보이신 것처럼 서로의 발을 씻겨주고 기도하며 십자가 은혜를 나눈다. 좁고 협착한 길을 걸어갈 아이들의 발을 눈물로 씻길 때가 많다. 해마다 커가는 발만큼 기도의 무게와 마음도 간절해진다. 아이들도 이 시간만큼은 진지하게 부모의 발을 씻기며 열심히 기도한다.

세족식은 아이들이 어릴 때부터 우리 가정의 문화로 자리

잡았다. 가정예배 때 서로 발을 씻어주며 기도하는 시간이 있었는데 세 살배기 사랑이가 아버지 발가락 사이사이를 씻어주며 발을 붙잡고 기도하는 영상이 고스란히 남아있다. 고사리 같은 손으로 부모의 웅어리지고 상한 발을 구석구석 닦아주던 아이들의 손을 잡을 때마다 더욱 간절해지는 것은 다름 아닌 복음이다.

✎ 묵상하고 암송하기 좋은 말씀

사순절 묵상 달력을 활용하면, 우리의 죄를 대속하기 위해 고난당하고 십자가에서 죽으신 예수님의 사랑을 깊이 묵상할 수 있다. 예수님이 죽음을 앞두고 십자가에서 고통 중에 말씀하신 '가상칠언'을 묵상하고 나눠도 좋다.

디모데전서 2장 5절

하나님은 한 분이시요 또 하나님과 사람 사이에
중보자도 한 분이시니 곧 사람이신 그리스도 예수라

이사야 53장 5절

그가 찔림은 우리의 허물 때문이요
그가 상함은 우리의 죄악 때문이라
그가 징계를 받으므로 우리는 평화를 누리고

그가 채찍에 맞으므로 우리는 나음을 받았도다

베드로전서 2장 24절

친히 나무에 달려 그 몸으로 우리 죄를 담당하셨으니

이는 우리로 죄에 대하여 죽고

의에 대하여 살게 하려 하심이라

그가 채찍에 맞음으로 너희는 나음을 얻었나니

요한복음 3장 16,17절

하나님이 세상을 이처럼 사랑하사 독생자를 주셨으니

이는 그를 믿는 자마다 멸망하지 않고

영생을 얻게 하려 하심이라

하나님이 그 아들을 세상에 보내신 것은

세상을 심판하려 하심이 아니요

그로 말미암아 세상이 구원을 받게 하려 하심이라

가상칠언

① 아버지 저들을 사하여주옵소서

　　자기들이 하는 것을 알지 못함이니이다 (눅 23:34)

② 내가 진실로 네게 이르노니

　　오늘 네가 나와 함께 낙원에 있으리라 (눅 23:43)

③ 여자여 보소서 아들이니이다 …

　보라 네 어머니라 (요 19:26,27)

④ 엘리 엘리 라마 사박다니 …

　나의 하나님, 나의 하나님

　어찌하여 나를 버리셨나이까 (막 15:34)

⑤ 내가 목마르다 (요 19:28)

⑥ 다 이루었다 (요 19:30)

⑦ 아버지 내 영혼을 아버지 손에 부탁하나이다 (눅 23:46)

○ 부활절

최고의 절기인 부활절에는 다시 사신 예수님을 기뻐하며 부활의 기쁨을 나눈다. 아이들과 부활절 달걀을 정성껏 준비해 복음 쪽지를 넣어 이웃에게 돌리기도 하고 근처 가게에도 나눈다.

부활절 가정예배는 복음이 흘러가길 중보하며 부활의 기쁨과 천국 소망을 꿈꾸는 시간이다. 믿지 않는 가족에게 전화해 넌지시 복음을 전하기도 한다. 부활절에는 창조, 타락, 구속, 회복, 부활의 예수님을 기억하며 예배로 모인다. 죄 사함과 구원을 베풀어주신 은혜에 감사하고 부활의 첫 열매가 되신 주님을 기억한다. 또 말씀과 기도로 거룩한 삶을 살아가는 가정이 되길 결단한다.

고린도전서 15장 20절

그러나 이제 그리스도께서

죽은 자 가운데서 다시 살아나사

잠자는 자들의 첫 열매가 되셨도다

요한복음 11장 25,26절

예수께서 이르시되 나는 부활이요 생명이니

나를 믿는 자는 죽어도 살겠고

무릇 살아서 나를 믿는 자는 영원히 죽지 아니하리니

이것을 네가 믿느냐

고린도후서 4장 14절

주 예수를 다시 살리신 이가

예수와 함께 우리도 다시 살리사

너희와 함께 그 앞에 서게 하실 줄을 아노라

골로새서 3장 1절

그러므로 너희가 그리스도와 함께

다시 살리심을 받았으면 위의 것을 찾으라

거기는 그리스도께서 하나님 우편에 앉아 계시느니라

○ 추수감사절

추수감사절 가정예배를 드릴 때는 각자에게 임하신 하나님의 은혜와 감사를 고백한다. 그래도 감사, 그러나 감사, 그럼에도 감사, 그리 아니하실지라도 감사, '무조건 감사'를 나누며 감사로 풍성해지는 시간이다. 나에 대한 감사를 시작으로 가족과 교회, 이웃, 나라, 환경 등 다양한 감사의 이유를 찾아 하나님께 감사하며 범사에 감사하는 예배를 드린다.

✎ 묵상하고 암송하기 좋은 말씀

시편 136편 1절

여호와께 감사하라

그는 선하시며 그 인자하심이 영원함이로다

창세기 27장 28절

하나님은 하늘의 이슬과 땅의 기름짐이며

풍성한 곡식과 포도주를 네게 주시기를 원하노라

시편 100편 4절

감사함으로 그의 문에 들어가며
찬송함으로 그의 궁정에 들어가서
그에게 감사하며 그의 이름을 송축할지어다

복음의 능력이 있는 가정예배

가정예배를 드리는 근본적인 이유는 복음 때문이다. 자녀에게는 말씀과 기도, 예배와 섬김, 구원과 회개 등 그리스도인으로서 알아야 할 기본적인 개념을 가르칠 수 있는 귀한 시간이다. 가정은 예수 그리스도를 온전히 의지하고, 죄 사함과 구원을 베풀어주신 은혜에 감사하며, 말씀과 기도로 거룩한 삶을 함께 살아내는 곳이다. 부모가 먼저 복음의 능력을 경험하고 그 자리에 자녀를 초청한다.

예수께서 이르시되 내가 곧 길이요 진리요 생명이니 나로 말미암지 않고는 아버지께로 올 자가 없느니라 요 14:6

내 힘으로 할 수 없으니 매일 예배의 자리에 아이들을 세운다. 큰 죄인인 부모가 작은 죄인인 아이의 손을 잡고 빛과 진리 되시는 주님 앞으로 나아가는 시간이다. 가정예배가 하나님과의 관계, 부모 자녀 관계에 영향을 미치는 건 분명하다. 가정예배 자체가 자녀를 보호하는 게 아니라 복음이 자녀를 붙들기 때문이다. 예수 그리스도는 하나님께 나아가는 유일한 길이다. 십자가 보혈의 능력으로 죄의 문제를 해결하고 십자가 은혜로 살아가도록 날마다 복음의 자리에 우리 자녀들을 세워야 한다.

엄마표 신앙교육을 해주신 내 어머니도 완벽할 수 없고, 나 또한 완벽할 수 없다. 하지만 부모님을 통해 신앙교육과 믿음을 유업으로 받지 않았다면 나는 하나님을 섬기는 자리에 없었을지도 모른다. 가장 귀한 신앙을 받아 내 삶의 무겁고 힘든 상황에서 버팀목이 되어주었다.

내가 신앙교육을 받지 않았다면 죄의 수렁에 빠져 어디로 갈지 몰라 방황했을 것이다. 아이가 하나님께 나아갈 수 있도록 사다리 역할을 해주는 것이 엄마다. 어머니는 나에게 그런 분이었고, 앞으로도 그럴 것이다. 내 자녀에게도 그렇게 신앙교육을 할 것이고, 부모님보다 하나님께 더 매달리는 자녀로 키우고 싶다.

내가 쓴 《엄마표 신앙교육》을 읽고 첫째 조이가 후기를 남겼다. "하나님께 나아갈 수 있도록 사다리 역할을 해주는 것이 엄마"라는 부분에 감동했다. 그저 복음을 전수하고 하나님의 뜻과 생각을 전달하는 통로가 되는 게 내 청지기적 사명이었기에 아이의 고백에 감사했다.

아이가 부모의 사명을 아는 것만으로도 충분하다. 조이의 고백처럼 말씀 맡은 사명자로서 믿음의 본을 보이며 네 아이를 하나님께 더 매달리는 자녀로 키우고 싶다.

A. W. 토저는 "예배는 하나님에게서 비롯되어 우리에게 왔다가 하나님의 거울로서 우리로부터 반사되는 것이다"라고 말했다. 우리가 애써 예배의 자리를 사수하고 지켜내는 것 같지만, 예배도 복음처럼 값없이 주어진 하나님의 귀한 선물이다. 가장 기뻐할 선물이 눈앞에 있는데 마다할 이유가 없다.

주님은 나 같은 죄인을 위해 죽음을 이기고 다시 사셨다. 가정도 결국 죄인들이 모인 곳이다. 그러므로 십자가 사랑에 감사하며 보좌에 앉으신 어린양께 찬송과 존귀와 영광과 권능을 세세토록 돌리는 가정이 되어야 한다.

둘째 아이가 두 돌이 지났을 때부터 찬송가 〈예수를 나의 구주 삼고〉를 목청껏 불렀다. 인생의 희로애락을 겪은 이들의 입에서 나올 법한 찬양을 조그만 입술로 힘주어 부르는 모습이 사랑스럽고 예뻤다. 그 가사처럼 우리 모두가 예수님을 가정의 구주로 삼고 성령과 피로서 거듭나는 가정이 되길 소망한다.

부활의 첫 열매가 되신 예수님을 가정의 중심으로 모시고 예배할 때 십자가 은혜로 날마다 거듭나게 하시며 성화와 구원의 자리에서 안아주실 것이다. 믿음의 주요 또 온전하게 하시는 예수님을 바라보는 복음의 능력이 있는 가정이 되길 기도한다.

큰 소리로 외쳐 이르되 구원하심이 보좌에 앉으신 우리 하나님과 어린 양에게 있도다 하니 계 7:10

말씀을 실천하는 가정예배

2020년 월드비전에서 진행한 '매튜 크리스마스'(M25) 챌린지 행사의 홍보 가족이 되었다. '매튜'는 마태복음(Matthew)을 뜻했다. 성탄절을 맞아 "지극히 작은 자 하나에게 한 것이 곧 내게 한 것이니라"(마 25:40)라는 말씀을 중심으로 말씀 묵상과 실천을 통해 지극히 작은 자를 향한 예수님의 마음을 알아가자는 취지의 행사였다.

우리 가정은 성경을 읽고 암송도 하지만 말씀을 삶에서 어떻게 실천하고 적용해야 할지 늘 고심해왔다. 그런데 '가족형 말씀 실천 챌린지'라니 반가운 마음으로 동참했다.

내가 주릴 때에 너희가 먹을 것을 주었고 목마를 때에 마시게 하였고 나그네 되었을 때에 영접하였고 헐벗었을 때에 옷을 입혔고 병들었을 때에 돌보았고 옥에 갇혔을 때에 와서 보았느니라 마 25:35,36

5일간 마태복음 25장 35,36절 말씀대로 살면서 이웃의 고통을 간접적으로 경험해보는 과제를 수행했다. 키즈형, 순한 맛, 매운맛의 세 가지 미션 중 우리 부부와 형제들은 매운맛, 자매들은 키즈형으로 뜨겁게 크리스마스를 보내기로 했다. 처음에는 어렵지 않을 거라 예상했지만 말씀을 살아내는 일은 생각보다 쉽지 않았다.

DAY 1 내가 주릴 때에 너희가 먹을 것을 주었고

첫째 날 매운맛 미션은 '하루 금식'이었고, 키즈형은 '음식 남기지 않고 간식 먹지 않기'였다. 하루에 세 끼를 다 먹는 형제들에게 금식은 고문에 가까웠고, 자매들에게도 간식 없는 하루는 상상하기 어려웠다. 긴 하루가 되었지만 주린 자의 아픔에 함께하며 낮고 낮은 자리에서 사랑을 실천하신 예수님을 묵상할 수 있어 감사했다.

DAY 2 목마를 때에 마시게 하였고

둘째 날은 '500밀리리터 물로 하루 살기'와 '물 외에 다른 음료 먹지 않기'였다. 물, 우유, 음료수, 커피 등 하루에 상당

한 수분을 섭취하는 우리 가족에게 쉽지 않은 과제였다. 남편은 누군가가 권하는 커피 유혹을 물리쳐야 했고, 나는 커피 금단 현상으로 이틀간 두통에 시달렸다. 우리가 수시로 마시고 낭비했던 물이 누군가에겐 생명이 달린 문제임을 깨달으며 물의 소중함과 생수의 근원이신 예수님을 묵상했다.

DAY 3 나그네 되었을 때에 영접하였고

셋째 날은 딱딱한 바닥에서 '매튜 담요'(무릎 담요)만 덮고 나그네의 하룻밤을 경험했다. 불편한 잠자리 때문에 고통을 호소하며 여러 번 깼지만 추위를 막을 집과 따뜻한 바닥, 덮을 담요가 있는 것이 감사했다. 집도 없이 추위와 위험에 노출된 아이들에게 예수님의 사랑이 흘러가길 기도하며 우리의 작은 것을 나눌 수 있는 방법을 찾아보기로 했다.

DAY 4 헐벗었을 때에 옷을 입혔고

넷째 날은 어제 입은 옷을 그대로 입고 이웃에게 핫팩과 성탄 카드를 선물했다. 땀 때문에 수시로 옷을 갈아입는 사춘기 형제들은 버티기가 쉽지 않았지만, 냄새나고 땀에 옷이 젖어도 난민촌 아이들을 생각하며 이겨냈다.

마지막 날은 위로가 필요한 이웃에게 다가가는 미션이었다. 낮고 낮은 이 땅에 빛으로 오신 예수님을 기억하며 온 세상에 그분의 사랑이 퍼지길 소망했다. 또 소외되고 고통받고 위로가 필요한 분들을 위해 함께 기도했다. 아이들은 외할머니께 받은 크리스마스 용돈을 불우 이웃을 돕는 사랑의 쌀 나눔에 헌금했다. 자발적인 나눔을 결정한 아이들이 기특했다. 작지만 그 귀한 마음이 위로가 필요한 이웃에게 예수님의 사랑으로 따스하게 전해지길 바랐다.

> 내가 진실로 너희에게 이르노니 너희가 여기 내 형제 중에 지극히 작은 자 하나에게 한 것이 곧 내게 한 것이니라 마 25:40

그저 체험으로만 끝나는 챌린지가 되지 않길 바라며 미션이 끝날 때마다 가정예배로 모였다. 제3세계 아동의 영상을 보고 한 번 더 말씀을 묵상했다. 우리가 살아낸 5일은 한 번의 체험에 불과하지만, 주리고 목마르며 헐벗은 이웃에게는 일상이고 고통의 나날임을 상기시켜주었다. 평소와 다른 기도 제목으로 풍성한 나눔과 결단이 있는 예배를 드릴 수 있었다. 아이들이 고백했다.

"우리가 겪는 불편은 잠깐이지만, 이런 삶이 일상인 아이들에게는 상처이고 슬픔일 것 같아요."

"우리의 일상이 누군가에는 희망이고 소망일 수 있잖아요. 사소한 것에도 늘 감사해야겠어요."

우리 가정에는 '체다카'(tzedakah, 자선, 기부) 문화가 있다. 이는 유대인들이 나눔을 실천하기 위해 가정에서 사용하는 저금통을 가리키는 말이기도 하다. 밥을 먹기 전 돌아가면서 식사 기도를 할 때 기도자가 기도 후 식탁 옆에 놓인 '체다카'에 동전을 넣었다. 우리가 누리는 것에서 작은 것을 나누는 법을 가르쳐주고 싶었다. 저금통이 채워지면 구제헌금으로 드리며 나눔을 실천하고 있다.

챌린지를 통해 그 땅의 아이들을 위해 기도하며 '어떤 걸 더 나누고 실천할 수 있을까' 고민하던 중에 첫째 조이는 매달 용돈의 십 분의 일을 구제헌금으로 드리기로 했고, 우리 가정은 태국의 '쎈'이라는 아이와 자녀 결연을 맺었다. 또 "지극히 작은 자 하나에게 한 것이 곧 내게 한 것이니라"라는 말씀이 마음에 남아 위로와 사랑이 필요한 곳에 예수님의 사랑을 흘려보내기 위해 노력하게 되었다.

송구영신 가정예배

세밑이 다가오면 묵은해를 보내고 새해를 맞이하느라 TV는 각종 시상식으로 떠들썩하고 바깥은 연말 분위기로 요란하다. 그러나 우리 가정은 늘 그렇듯 한 해의 마무리도 가정예배다. 여호와의 눈은 연초부터 연말까지 우리와 항상 함께하신다. 세상은 묵은해와 새해를 애써 구분하지만 믿음의 가정은 은혜의 해를 지나 또 다른 은혜의 해를 사모하며 맞아야 한다.

한 해의 마지막 날은 특별히 '송구영신 가정예배'로 드린다. 저녁 식사 후 송구영신 예배 전까지 드리는 가정예배는 우리만의 연례행사이자 다채로운 예배 문화다. 긴 시간을 드림에도 아이들은 힘들어하지 않는다. 오히려 시간이 모자라 아쉬워할 때도 있다.

기본적인 예배 순서에 한 해를 돌아보고 소망의 새해를 맞이하기 위한 순서가 추가된다. 모두에게 종이와 펜을 나눠주고 각자 한 해를 돌아볼 수 있는 시간을 충분히 가지며 진솔한 나눔과 소통 가운데 작은 교회로 세워지는 시간이다.

○ 10대 뉴스

한 해 동안 하나님이 행하신 일들을 기억하며 '10대 뉴스'를 선정한다. 각자 혹은 가족에게 일어난 일들에 감사하는 시간이다. 기쁘고 감사했던 일, 기억에 남는 일, 행복하고 좋았던 일뿐 아니라 힘들고 어려웠던 일도 선정한다. 우리의 희로애락 가운데 하나님이 동일하게 역사하셨기 때문이다.

수많은 사건 중에서 열 가지만 고르기란 사실 쉽지 않지만 하나님의 은혜를 기억하고 감사하는 시간을 통해 큰 위로와 소망을 얻는다. 가족과 함께 하나님의 역사를 돌아보면 차고 넘치는 사랑을 주신 것에 감사할 뿐 아니라 모든 것이 그분의 은혜였음을 고백하게 된다.

○ 아듀 묵은해

본격적으로 한 해를 돌아보는 시간이다. 한 해를 함축하는 세 가지 키워드를 선정하거나 한 단어로 말해본다. 이를 통해 서로에게 어떤 한 해였는지 알 수 있다.

- 한 해 동안 감사 제목 다섯 가지 적기
- 한 해 동안 내게 임한 하나님의 성품 기억하기
- 내가 가족에 기여한 것 돌아보기
- 타인의 발전에 내가 기여한 일 생각해보기
- 한 해 동안 발전하고 성취한 일 적어보기
- 내 부족함과 연약함 돌아보기

이처럼 자신의 삶을 성찰하는 나눔을 통해 가정예배가 더욱더 풍성해진다. 서로의 연약함과 부족함을 보듬는 시간이다.

○ 우리 가족 말씀, 찬양, 표어 만들기

한 해 동안 우리 가족을 이끌 말씀과 찬양과 표어를 정한다. 기도하는 마음으로 자유롭게 의견을 나누고 투표를 통해 선정한다.

2021년 우리 가족의 말씀은 만장일치로 결정했다. "너희가 여기 내 형제 중에 지극히 작은 자 하나에게 한 것이 곧 내게 한 것이니라"(마 25:40). 표어는 '작은 한 걸음이 하나님께 향하는 가족'이고, 찬양은 〈소원〉이다. 가족 모두 연합해서 말씀을 택했지만 말씀이 우릴 먼저 택했음을 한다. 우리 집은 새해도 말씀으로 인도받길 기대하며 선정된 표어와 말씀을 작은 칠판에 적어 잘 보이는 곳에 두었다.

○ 웰컴 새해

새로운 한 해를 기대하며 결단하고 계획하는 시간이다.

- 새해에 하나님이 내게 기대하시는 일
- 올해 꼭 성취하고 싶은 것
- 가족 섬김을 위한 결단

- 형제 사랑을 실천하기 위한 결단
- 일상에서 변화하고 성장해야 할 영역
- 타인과 공동체 발전을 위해 할 일

우리 가정은 아이들의 성장 주기에 따라 예수님의 참 제자로 합당한 열매를 맺도록 성경적인 '신덕지체'(信德知體)로 전인 교육을 한다. 이를 위해 각 영역에 훈련과 성장을 위한 결단과 계획을 세운다. 아이들과 영성, 지성, 가치관, 심리, 정서, 육체 등 부족했던 점을 돌아보고, 일상에서 어느 부분을 노력하고 실천할지 나눈다.

○ 사랑하고 축복해

마지막으로 서로를 칭찬하고 격려하는 시간을 갖는다. 존재의 귀함을 인정하고 축복하기에 가족 모두의 자존감이 상승한다. 칭찬과 격려를 하고 나서 서로에게 바라는 점을 진솔하게 나눈다. '올해 내게 이런 사람이 되어주세요'라고 표현하는 시간이다. 서로가 바라는 모습으로 성장하길 기대하며 한 사람이 얘기할 때마다 "아멘, 믿습니다!"를 다 같이 외친다. 서로를 축복하고 나누고 섬기며 기도하는 이 시간이 한 해를 살아갈 원동력이 된다.

한 해 동안 느낀 하나님의 숨결에 감사하고, 또 새로운 한 해를 신실하게 인도해주실 주님을 기대하며 송구영신 가정에 배로 모이길 축복한다. 해를 거듭할수록 가족 간에 친밀함과 사랑이 진하게 응축되고 은혜가 쌓여갈 것이다.

골든 타임 가정예배

몇 년 전, 남편이 저녁을 먹다가 한쪽 얼굴의 감각이 이상한 것을 감지했다.

"자기야, 나 얼굴이 좀 이상해. 피곤해서 그런가?"

그날은 저녁에 아이들의 문화선교학교 발표가 있어서 난 늦게까지 교회에 있어야 했다. 남편을 본 지인이 얼굴이 안 좋아 보인다며 병원에 가보라고 권했지만, 남편은 피곤해서 그런 것 같다는 말만 되풀이했다.

하지만 나는 남편의 마음을 알았다. 늦은 밤 응급실 비용이 부담되어 미루고 있다는 걸. 상태가 점점 나빠지는데도 남편은 고집을 피웠다. 저녁에 만난 지인이 걱정되었는지 의사인 다른 지인에게 연락해 늦은 밤에 전화를 해왔다.

"전도사님, 지금 당장 병원에 가서야 해요. 가서서 괜찮을 수도 있지만 혹시 뇌출혈일 경우 골든 타임이 지나면 큰일 날 수 있어요. 아직 시간이 있으니 빨리 가세요!"

평소엔 온화한 분이 그때만큼은 강한 어조로 단호하게 말했다. 떠밀리듯 응급실에 간 남편에게서 병원에 도착해 검사를 기다린다는 문자를 받고 목이 메었다. 하지만 나는 아이들과 예배를 드렸다.

"얘들아, 우리 감사기도부터 드리자."

감사 제목을 찾아 기도하는데 그날의 감사는 쓰리고 아팠다. 그제야 아버지가 걱정된다며 눈물을 보이던 아이들. 처한 상황은 염려와 불안이었지만 기도로 이겨내는 중이었다. 감사하게도 얼굴의 마비 증상은 뇌혈관 문제는 아니었고, 안면 신경마비 진단을 받아 오랫동안 치료를 받았다.

우리는 살면서 수많은 '골든 타임'(golden time)을 만난다. 이는 생사의 갈림길에 선 환자의 목숨을 구할 수 있는 제한된 시간을 말한다. 남편의 일도 있었지만, 사실 친정아버지도 골든 타임에 심폐소생을 받지 못해 세상을 떠났다. 그래서 그 시간이 얼마나 소중하고 중요한지 잘 알고 있다. 혼란과 암흑의 시대를 지나는 이때 가정이 위기의 순간에 골든 타임을 놓치면 어떻게 될까.

가정마다 주님의 호흡이 필요한 순간이 반드시 있다. 그 순간을 침묵하고 방관해서는 안 된다. 삶과 죽음을 관장하는 분 앞에서 돌이킬 수 있는 골든 타임을 붙들어야 한다. 일주일에 한 번 혹은 몇 번이든 횟수는 중요하지 않다. 단 분주한 삶에서 정신없이 살다가 영적 심박수가 느려지고 응급치료가 필요한 순간, 우리를 지으시고 지키시며 치유하시는 주님을 만나기 위해 응급실로 달려가야 한다.

그곳은 다름 아닌 가정예배의 자리다. 여호와를 송축하며 나아갈 때 주치의 되시는 주님께서 모든 죄악을 사하시고, 모든 병을 고치시며, 생명을 파멸에서 속량하시고, 인자와 긍휼로 관을 씌우시며 청춘을 독수리같이 새롭게 하실 것이다(시 103:1-5).

우리는 일주일 동안 168시간을 산다. 이 중에 주님과 호흡하는 시간, 온 가족이 주님과 동행하며 그분 앞에 머무는 시간은 얼마나 될까. 자녀들에게 복음과 신앙을 전하기 위해 물질과 시간을 얼마만큼 투자하고 있을까.

'품 안의 자식'이라는 말이 있듯이 자녀와 함께할 수 있는 시간은 그리 길지 않다. 주님이 허락하신 카이로스의 시간에 자녀에게 예배가 흘러가도록 사활을 걸어야 한다. 어리면 어린 대로, 장성하면 장성한 대로 '지금이 마지막일 수 있다'라는 경각심을 갖고 골든 타임을 놓치지 않길 바란다. 시간은 절대 되돌릴 수 없으니 말이다.

그런즉 너희가 어떻게 행할지를 자세히 주의하여 지혜 없는 자같이 하지 말고 오직 지혜 있는 자같이 하여 세월을 아끼라 때가 악하니라

엡 5:15,16

여호와께 그의 이름에 합당한 영광을 돌리며
거룩한 옷을 입고 여호와께 예배할지어다

시 29:2

3

삶으로
드리는
예배

언제 어디서나 우리와 함께하길 원하시는 하나님께서
우리 가정의 예배의 문을 두드리고 계신다.
귀한 분을 문 앞에 세워두는 법은 없다.
어디에서 무엇을 하든 삶 가운데
주님을 환영해야 한다.
주님이 예배의 주인이시고
복과 은혜의 근원이시기 때문이다.

용서와
사랑이
넘치는
예배

사랑과 용납을 배우는 시간

어느 토요일 오전, 찬양단 모임에 간 첫째에게 문자가 왔다. 내 책장에 있는 코칭 책 안에 편지를 넣어두었으니 읽어보라는 내용이었다. 떨리는 마음으로 꺼내 읽어보니 첫째가 하나님 앞에 지은 죄에 관한 내용이었다.

홀로 회개하고 자숙하는 시간을 가졌지만, 예배 시간에 부모님 앞에서 거룩한 척 앉아있는 자신의 모습에 회의를 느꼈단다. 이 문제를 놓고 기도하는데 성령님이 부모님에게도 말하라는 마음을 주셔서 편지를 썼다고 했다. 내가 큰 충격에 빠질까 봐 걱정하는 아들이 눈에 아른거려 얼른 답장을 보냈다.

"조이야, 어려운 이야길 꺼내줘서 고마워. 그동안 이 문제로 얼마나 힘들었니? 사람은 누구나 죄의 유혹에 빠질 수 있어. 그걸 돌이키려고 애쓰며 결단했을 네 모습이 그려져서 감사해. 엄마는 네가 조금 더 일찍 이야기해줬으면 얼마나 좋았을까 하는 아쉬움이 있어. 자세히 알아야 도울 수 있고 함께 기도할 수 있으니까. 오후에 엄마랑 이야기하자."

늦은 오후, 첫째와 은밀히 차 안에서 만났다. 아이는 그간의 이야기를 하며 눈물을 보였다. 청소년기에 흔히 겪을 수 있는 일이라 충격을 받진 않았지만 죄책감이 아이를 사로잡고 있는 것 같아 마음이 쓰리고 아팠다. 남편을 불러 함께 이야기하고 기도하는 시간을 가졌다. 그날 차 안은 눈물범벅이 된 우리의 은밀한 기도처가 되어주었다. 아무 일 없었던 것처럼 집으로 돌아와 저녁을 준비하는데 또 한 통의 문자가 도착했다.

"어머니 아버지, 저를 용서해주시고 성령님이 함께하시는 걸 다시 기억하게 해주셔서 감사해요. 이런 부모님이 계셔서 행복하다는 말밖에 할 말이 없네요. 충격을 받으셨을 테고 배신감도 느끼셨을 텐데 저를 믿고 제 편이 되어주셔서 감사해요. 사랑해요~!"

이 사랑 고백에 어찌 가만히 있을 수 있으랴. 나는 젖은 손이 마르기도 전에 답신을 보냈다.

"우리는 항상 네 편이야. 기도하자. 엄마가 너희를 위해 기도하면서 늘 암송하는 말씀이야. '너는 진리의 말씀을 옳게 분별하며 부끄러울 것이 없는 일꾼으로 인정된 자로 자신을 하나님 앞에 드리기를 힘쓰라'(딤후 2:15). 조이가 기억하고 같이 기도했으면 좋겠어. 이제는 엄마의 고백이 아닌 네 신앙고백이 되어야 해. 명심해. 하나님은 너와 동행하시고 너를 용서하시는 분이야. 사랑해, 조이야."

그날 가정예배 때 동생들은 눈치채지 못했지만, 우리만 알수 있는 기도 제목들로 간절히 기도하는 시간을 가졌다. 첫째도 마음의 짐을 벗고 자유함을 얻은 듯 얼굴이 환해졌다. 남편이 그리스도 예수 안에 있는 자에게는 결코 정죄함이 없다는 것을 아이들에게 말해주었다(롬 8:1).

로마서 8장 말씀을 다 함께 암송하며 믿음으로 선포했다. 서로의 내밀한 상처를 보듬고 주시해야 문제가 더는 우리를 괴롭히지 못한다. 죄책감, 거절감, 실패와 두려움을 뛰어넘는 가정예배를 통해 자녀는 안정감을 얻는다.

하나님은 우리가 완벽하고, 성공하고, 우리에게 아무 문제가 없어서 사랑하시는 게 아니다. 우리가 아직 죄인으로 있을 때 그리스도께서 우리를 위하여 죽으심으로 하나님께서 우리에 대한 사랑을 확증하셨다(롬 5:8).

나 같은 죄인을 용서해주신 주님의 은혜를 알기에 자녀가 죄인 된 비참한 모습으로 힘들어할 때도 용납할 수 있는 게 부모다. 복음은 죄인들을 위한 것이니까.

첫째는 밝고 순종적이고 책임감이 강하다. 좋은 모습보다 죄를 들추고 시시비비를 가려 연약한 모습에 무게를 둔다면 아이의 진면목을 발견할 수 없을지도 모른다. 아이는 넘어진 경험을 통해 다른 사람을 이해할 수 있게 되고 하나님을 의지하고 일어나는 법을 배울 것이다.

부모는 아이가 넘어진 그 자리에 같이 있어주기만 하면 된다. 그리고 아이가 일어설 힘이 생겼을 때 손을 잡고 일으켜 세워주어야 한다.

"관계에도 통역이 필요하다"라는 말이 있다. 부모 자녀 사이뿐 아니라 하나님과의 관계도 마찬가지다. 부모의 신앙적 통역을 통해 자녀가 하나님과 더 긴밀히 결속을 다지게 하는 게 바로 가정예배다. 그 안에서 사랑과 용납을 배우고 예수님의 십자가를 기억하며 복음의 능력을 경험해야 한다. 복음을 나누는 가정예배를 통해 우리는 어떤 상황에도 주 안에서 같은 편이 될 수 있다.

그러나 이 모든 일에 우리를 사랑하시는 이로 말미암아 우리가 넉넉히 이기느니라 내가 확신하노니 사망이나 생명이나 천사들이나 권세자들이나 현재 일이나 장래 일이나 능력이나 높음이나 깊음이나 다른 어떤 피조물이라도 우리를 우리 주 그리스도 예수 안에 있는 하나님의 사랑에서 끊을 수 없으리라 롬 8:37-39

엄마의 유언

첫째가 중학생이 되었을 때였다. 잠을 자다가 악몽을 꿨다며 안방을 찾아와 내 가슴에 얼굴을 묻었다. 꿈에서 엄마가 죽는 장면을 목격했는데 너무 생생해서 깨어나서도 한참을 먹먹하게 있었단다. 아이는 내 품에 안겨 안도의 숨을 내쉬었다. 덩치는 큰곰인데 내 눈에는 여전히 솜털이 보송보송한 아기 곰 같았다.

"엄마는 조이가 낳은 손주들이 시집 장가갈 때까지 오래오래 살 거야."

등을 토닥이며 위로해주니 첫째는 눈물을 보였다. 비록 꿈이지만 급작스레 누군가를 떠나보내는 건 남녀노소를 불문하고 받아들이기 힘들다. 특히 엄마라는 존재는 더욱 그렇다. 나도 어릴 때 세상의 전부이자 내 우주였던 엄마를 잃을까 봐 걱정으로 밤을 지새운 날이 많았다. 그래서 아이의 마음을 충분히 공감하며 안아주었다.

나는 어린 시절에 부모님의 고성이 오가는 전쟁 상황을 지켜보며 쪼그리고 앉아서 눈물로 바닥을 적시곤 했다. 그런 날은 늦은 밤 엄마를 꼭 끌어안고 잠이 들었다. 그런데 어느 날 엄마가 내 손을 풀고 일어나는 기척이 느껴졌다. 다락문이 삐거덕 열리고 한 걸음 두 걸음 나무 계단을 올라가는 소리가 들렸다.

'이 새벽에 다락에는 왜 가실까?'

엄마가 오길 기다리다 엄습하는 불안함과 두려움에 다락문을 열고 조심스레 올라섰다. 불빛을 의지해 눈물로 무언가를 써 내려가는 엄마와 그 옆에 놓인 빨랫줄 뭉치. 어린 나이였지만 그것이 무엇을 의미하는지 직감했기에 엄마에게 달려들어 절규하며 울부짖었다. 그때 엄마가 나를 보며 말했다.

"엄마만 죽으면 다 끝나."

다락 서까래에 빨랫줄을 걸며 비통하게 울던 엄마, 지금 제 정신이냐며 달려와 엄마를 말리던 아버지, 그 옆에서 극심한 공포감에 떨고 있던 나. 가장 슬픈 울음으로 밤을 지새우는 엄마 옆에서 혹시라도 잡은 손을 놓으면 무슨 일이 생길까 봐 손을 부여잡은 채 밤새 소리 없이 베개를 적셨다.

그 아픈 기억은 마음 깊은 곳 기억 상자에 숨겨뒀지만 예고 없이 문을 열고 나와 나를 두렵게 했다. 그럼에도 지금까지 견디며 살아준 엄마에게 세상 모든 감사를 다 드려도 부족하다. 내게 엄마는 그런 존재다.

나도 가끔 아이들을 남겨두고 천국에 가는 꿈을 꾸곤 한다. 아직은 갈 수 없다고 천국 문 앞에서 눈물로 실랑이하는 꿈이다. 이런 꿈을 꾸는 날이면 어김없이 기억 상자가 열리고 소리 없이 두려움이 찾아온다. 이제는 반대로 남겨질 아이들에 대한 두려움이다. 내게 남은 시간이 그리 많지 않다는 조급함과 떠나기 전에 복음에 확신이 있는 아이들로 성장시켜야 한다는 부담감이다. 아이들에게 묻는다.

"얘들아, 아버지와 어머니가 천국에 가기 전에 어떤 유언을 할 것 같니?"

"예수님 잘 믿으라고요."

아이들에게 재차 확인해도 지금 천국을 마다할 수밖에 없는 이유, 엄마이기 때문이다. 하루는 가정예배를 드리다가 지금 하는 말이 유언이 될지도 모르니 진지하게 잘 새겨들으라고 아이들에게 으름장을 놓았다.

"우리의 생사화복은 주님 손에 있어. 나와 너희 아버지도 언제 하나님이 부르실지 몰라. 모든 것이 다 하나님의 섭리 가운데 있기 때문이야."

"엄마, 또 꿈꿨죠? 엄마가 늘 말씀하셨잖아요. 우리가 걱정하고 염려하는 많은 일이 현실에서 일어날 가능성은 크지 않으니 걱정하지 말라고요."

나는 다시 말했다.

"이건 그런 차원의 문제가 아니야. 만약에 엄마가 먼저 천국에 가는 일이 생기더라도 절대 하나님을 원망해선 안 돼. 하나님은 실수가 없으신 분이니까."

"엄마, 그런 말 하지 마요. 무서워요…."

"너희가 똘똘 뭉쳐서 꼭 지켜야 할 것이 있어. 먼저 하나님을 떠나면 안 돼. 하나님을 떠나는 순간 모든 게 끝이야. 그리고 말씀을 끝까지 붙들어야 해. 지금까지 너희 마음에 심긴 말씀의 능력과 은혜로 너희를 지켜주시고 동행해주실 거야. 또 교회를 떠나서도 안 돼. 믿음의 공동체 안에 있어야 너희가 안전해."

물론 하나님은 가장 선한 방법으로 아이들을 지켜주시겠지만 이렇게라도 당부를 해둬야 안심이 되었다. 하지만 아이들은 모든 상황을 부정하며 오히려 부모의 장수를 간절히 기도했다. 혹 우리 부부가 천국에 가고 나면 이 아이들을 교회에 보내고 신앙교육을 도와줄 사람이 도무지 생각나지 않았다. 오히려 아이들이 부모를 데려간 하나님을 욕하진 않을까 조바심이 생겼다. 그래서 아이들을 위해 더욱 간절히 기도하게 된다.

두 형제가 어릴 때 기도하다가 다툰 적이 있다. 첫째가 부모님이 150세까지 살게 해달라는 기도 제목을 냈는데 둘째가 화를 내며 나이를 바꾸라고 했단다. 므두셀라도 969세까지 살았는데 왜 우리 부모님은 그렇게 적게 살아야 하냐는 것이었다(창 5:27). 그래서 900세까지는 살게 해달라고 기도했다는 이야기를 듣고 '빨리 천국에 가긴 글렀구나' 싶었다.

아이들의 기도가 어떻게 응답받을지 알 수 없으나 아주 오랫동안 자손의 자손들과 함께 가정예배를 드리며 믿음의 복된 가문을 이어가길 소망하며 기도한다.

사랑으로 하나 되기

첫째와 둘째가 '303비전꿈나무 천 절 여행'으로 영국에 2주 간 비전 트립을 갔을 때였다. 형제들의 부재로 자매들과 가정 예배를 드렸다. 북적이던 집이 한산해져서 예배도 조금 허전 했지만 기도만큼은 뜨거웠다. 여동생들은 영국에 있는 오빠 들을 위해 꼬박꼬박 기도했고 영국의 형제들도 가족을 위해 기도했다. 멀리 있어도 우리가 아이들 안에, 아이들이 우리 안 에, 그리고 주님 안에 머물러 있음을 느꼈다.

남자아이 둘이 없으니 집은 한결 조용하고 깨끗했다. 아이 들이 티격태격할 때 받는 스트레스도 없었다. 어찌 보면 평안 을 얻은 것 같았으나 이런 상황이 복은 아니었다. 순식간에 초토화되는 집, 산더미 같은 빨래, 끼니마다 차고 넘치는 설거 지, 각종 사건 사고로 시달리는 스트레스가 오히려 복이었다. 아이들의 부재로 얻는 약간의 유익보다 아이들과 함께할 때 생기는 불편함이 더 좋았다.

떨어져 봐야 서로의 소중함을 알게 되는 아이러니라니. 2주 만에 형제들과 드린 예배는 함께 있는 것만으로 사랑과 행복이 넘쳐났다.

남편과 나는 아이들 얘기를 할 때 항상 반성 모드가 된다. 좋은 부모가 되겠다고 변화를 다짐해도 얼마 지나지 않아 원래대로 돌아갈 때가 많다. 또다시 반성하고 다짐하는 연약한 부모지만 서로를 인정하고 격려하며 노력한다.

우리 가정에 아무런 문제가 없는 줄로 오해하는 사람들이 많다. 하지만 '가지 많은 나무에 바람 잘 날 없다'는 말이 그냥 나왔겠는가. 문제와 고난이 없는 가정은 없다. 모든 가정이 빛과 어둠, 행복과 불행을 품고 살아간다. 때로 다른 가정의 행복을 보며 박탈감을 느끼기도 하고 질투나 선망에 사로잡히기도 하지만, 내게 주신 은혜가 족하기에 감사하며 사는 것이다.

가끔은 스스로 책망하며 푸념하듯 쏘아 올린 화살에 아이가 상처를 입는 경우가 있다. 분명 아이를 향한 화살이 아닌데도 굳이 그것을 자신의 과녁 중심에 찔러 넣어 상처를 만든다. 가족은 서로의 아픈 부위가 어딘지 정확히 알기에 상처가 덧나지 않도록 늘 조심해야 한다. 때로는 갈등과 오해로 힘들지만, 용서와 용납을 배우고 고통과 아픔을 함께할 때 서로의 필요를 채우는 진정한 가족이 된다.

부모와 자녀는 가정예배를 드리며 사랑의 연대를 통해 한마음 한뜻으로 하나님께 나아갈 수 있다. 어떤 상황에서도 사랑으로 하나 되고, 오직 주와 동행하는 가정이 되길 바란다.

> 그러므로 주 안에서 갇힌 내가 너희를 권하노니 너희가 부르심을 받은 일에 합당하게 행하여 모든 겸손과 온유로 하고 오래 참음으로 사랑 가운데서 서로 용납하고 평안의 매는 줄로 성령이 하나 되게 하신 것을 힘써 지키라 엡 4:1-3

어떤 기도를 할지라도

몇 년 전, 중학생이 된 첫째가 교회 부흥사경회를 마치고 나오면서 내 손에 종이 한 장을 내밀었다. 그 종이에는 '부모님이 기도해줄 것'이라는 제목 아래 열 가지 기도 제목이 있었다.

1. 영적 싸움에서 승리하도록
2. 나쁜 마음과 나쁜 생각을 갖지 않도록
3. 하나님 곁을 떠나지 않도록
4. 내 은사를 찾을 수 있도록
5. 매사에 성실하도록
6. 하나님 말씀에 즉시 순종하도록
7. 하나님을 붙들고 하나님을 사랑하는 기도가 이뤄지도록

8. 나중에 커서 자녀를 4-6명 낳을 수 있도록

9. 키가 자라듯 믿음이 자라고 믿음이 자라듯 키도 자라길

    (185-187센티미터)

10. 머리가 작아질 수 있게 도와주세요!

기도 제목을 읽다가 나도 모르게 피식 웃음이 새어 나왔다.

"엄마, 저는 진지하단 말이에요. 다른 기도 제목도 중요하지만 키와 머리는 꼭 간절하게 기도하셔야 해요. 아셨죠? 특히 키요! 상체는 그대로 있고 하체만 길어져야 해요. 아들의 간절한 소원입니다."

한창 외모에 관심이 많을 시기인 데다 매일 아침 거울 앞에서 얼굴과 키를 확인하고 있기에 충분히 공감했지만, 노파심에 한마디를 얹었다.

"준이야, 엄마가 너를 위해 간절히 기도할 테지만 기도 제목을 좀 바꿔보면 어떨까? 그리 아니하실지라도 감사한다거나 머리가 작아지는 것보다 몸이 더 커지도록 말이야."

"와~ 우리 엄마 믿음 없으시네! 아들이 간절히 원한다는데 믿음으로 기도하셔야지. 완전 실망이에요."

아이는 낙심한 얼굴로 체념하듯 돌아서더니 급기야 가정예배 시간에 자신의 기도 제목을 내놓았다. 역시 공감 능력이 뛰어난 아이들은 첫째의 기도 제목에 동감하며 자신들의 것까지

없어서 같이 기도해달라고 요청했다. 우리 가족은 꼼짝없이 매일 가정예배 때마다 조이의 키와 머리 크기를 위해 기도해야 했다.

조이와 함께 새벽예배를 드리던 날이었다.

"엄마가 요즘 조이를 위해 집중적으로 기도하고 있어!"

"와~ 어쩐지 요즘 키가 좀 큰 것 같아요. 역시 우리 엄마야!"

사실 키를 놓고 기도한 건 아니었지만 아들에게 끈끈한 기도 동역자로 인정받았다. 아이들이 기도 요청을 해오는 것처럼 나도 강의나 중요한 일정이 있을 때마다 가정예배 시간에 공유하고 함께 기도한다.

내게는 적어도 다섯 명의 신실한 기도 동역자가 있다. 아무리 실소할 만한 내용일지라도 엄마이기에 아들의 간절한 기도 제목을 하나님께 솔직하게 올려드린다. 그리고 내 마음을 조금 보태어 '그리 아니하실지라도 감사하는 마음을 주시길' 기도한다.

가정예배에선 모든 것이 허용되고 가능하다. 어떤 기도 제목도 합심해서 기도할 수 있어야 한다. 가족의 인정과 지지는 문제를 돌파할 힘을 넘어 용기와 사랑을 안겨준다. 키 때문에 간절히 기도하던 아이는 아직 180센티미터를 넘지 못했다.

여전히 키가 더 크기를 소망하며 기도하고 있지만, 달라진 점이 있다면 키 크기 위한 노력도 하고 감사하는 마음도 있다는 것이다. 모든 문제를 주님 탓하며 원망하는 게 아니라 주님을 기대하며 그리 아니하실지라도 감사할 수 있는 마음을 배우고 있다.

가정예배 시간에 죄의 문제뿐 아니라 사소한 기도 제목도 스스럼없이 나눠보자. 그 제목이 유치하고 불가능해 보일지라도 믿음으로 함께 간절히 기도하자. 하나님이 묶어주신 기도 공동체니까.

내가 기도하노라 너희 사랑을 지식과 모든 총명으로 점점 더 풍성하게 하사 너희로 지극히 선한 것을 분별하며 또 진실하여 허물없이 그리스도의 날까지 이르고 예수 그리스도로 말미암아 의의 열매가 가득하여 하나님의 영광과 찬송이 되기를 원하노라 빌 1:9-11

09 _____

소통과
　나눔이
있는
　예배

_____

같이의 가치

예배 후 보드게임을 하며 조잘거리던 아이들에게 물었다.

"얘들아, 혼자가 좋아? 사 남매가 좋아?"

말이 끝나기 무섭게 아이들은 한목소리로 외쳤다.

"당연히 넷이죠!!"

그리고 넷이어야 하는 이유와 장점을 말하느라 게임은 뒷전이었다. 넷이 모여 있는 모습을 보면 부럽기도 하고 그렇게 예뻐 보일 수가 없다. 안 먹어도 배부르단 말은 이럴 때 하는 것일 거다.

토요일은 온 가족이 새벽예배를 드린다. 어느 날은 새벽예배를 드리고 나서 함께하는 아침 산책이 더 기대될 때도 있다. 특별할 것 없이 늘 같은 길을 걷지만 함께하기에 마냥 좋다.

짙은 풀 냄새와 맑은 하늘, 물속을 자유롭게 헤엄치는 잉어

떼와 바람결에 춤추는 나뭇잎은 그 어떤 여행지에서 보는 것보다 아름답다. 난 아이들이 어릴 때부터 어디든 함께하려고 부단히 애썼다. 심지어 강의할 때도 데려갔다. 네 아이를 챙기며 이곳저곳을 다니는 게 쉽지 않았지만 '같이의 가치'를 가르쳐주었더니 아이들의 가족애도 남다름을 느낀다.

오랜만에 남편과 오붓하게 사진 한 장을 남겨도 배경에는 항상 아이들이 있다. 자녀가 부모를 외면하고 거부하는 요즘 시대에 어디선가 달려와 늘 그림자처럼 따라다니는 아이들에게 고맙다. 맛집에 데려가고 싶고 멋진 곳에 함께 가고 싶은 것이 부모의 마음이다. 형편상 많은 걸 해주지 못했지만 모자라도 더 많이 나누고, 손해 보더라도 그저 함께할 수 있음에 풍성함을 누리는 공동체가 바로 가정이다.

우리 가정의 가장 큰 '같이의 은혜'는 함께 예배하는 것이다. 가장 좋은 걸 자식에게 주고 싶은 게 부모 마음 아닌가. 최고 맛집으로 데려가 송이꿀보다 더 단 말씀을 먹였고, 여느 여행지와 비교할 수 없는 은혜의 강가에서 주님이 주신 평강을 누렸다. 악한 자라도 자식에게 좋은 것을 주고 싶어 하듯이 믿음의 부모가 자식에게 줄 수 있는 가장 좋은 건, 값없이 받은 사랑과 은혜, 구원과 천국을 선물하는 것이다.

'같이'의 뜻을 살펴보면 '둘 이상의 사람이나 사물이 함께',

'어떤 상황이나 행동 따위와 다름없이'라는 부사로 쓰인다. 믿음의 가정에서 '같이'는 바로 예배다. 어떤 상황이나 행동이 다름없이 가족이 함께 예배로 모이는 일이다. 가장 소중한 '같이의 가치'는 예배하는 가정에 있다.

모든 예배가 은혜롭지만 특별히 금요기도회는 개인적으로 힐링하는 시간이다. 손뼉을 치며 온몸과 마음으로 소리 높여 부르는 찬양이 좋고 "주여!"를 외치며 나라와 교회와 지체를 위해 부르짖는 중보의 시간이 좋다. 불이 꺼진 뒤 흐르는 찬양 사이로 들리는 교인들의 기도 소리도 은혜다.

통곡하는 소리, 하모니를 이루는 방언 소리, 박수 소리, 주님의 이름을 간절히 부르짖는 소리 사이에서 나 역시 주님과 민낯으로 대면하며 은혜를 누린다. 찬양 소리 덕분에 어떤 기도 제목으로 소리쳐도 눈치 보지 않고 주님과 독대할 때, 그분 앞에서 무장 해제하고 마음껏 울 때 그 옆에 한결같이 아이들이 함께한다.

엄마의 기도 소리에 자신들의 기도 소리를 보태 함께 부르짖는 그 시간이 행복하고 감사하다. 그러다 아이들의 소리가 커질 땐 내 소리를 조금 줄여본다. 무얼 기도하는지, 어떻게 중보하며 도울지 아이의 기도 소리에 귀 기울이게 된다.

"하나님, 이때를 위해 저를 어릴 때부터 암송하게 하셨잖아요. 제발 도와주세요. '아무것도 염려하지 말고 다만 모든 일에 기도와 간구로, 너희 구할 것을 감사함으로 하나님께 아뢰라 그리하면 모든 지각에 뛰어난 하나님의 평강이 그리스도 예수 안에서 너희 마음과 생각을 지키시리라.' 하나님, 제 마음과 생각을 지켜주세요. 저를 붙들어 주세요."

하루는 아이가 빌립보서 4장 6,7절 말씀을 선포하며 간절히 부르짖고 있었다. 흐느끼는 아이의 등에 나도 손을 얹고 눈물로 축복하며 기도했다. 돌아오는 길에 아이가 말했다.

"엄마, 저도 엄마처럼 방언으로 기도하고 싶어요. 저도 성령님의 임재를 경험하고 싶어요."

"조이야, 성령님은 이미 너와 함께하고 계셔. 네가 말씀으로 선포하며 기도할 때 엄마는 큰 은혜를 받았어."

"제가요? 제가 말씀으로 기도했다고요?"

아이의 대답에 성령의 역사를 더욱 확신할 수 있었다. 성령님이 우리 마음에 심긴 말씀을 꺼내시고 기도 가운데 선포하게 하시며 말할 수 없는 탄식으로 간구해주심을.

내가 너희에게 분부한 모든 것을 가르쳐 지키게 하라 볼지어다 내가 세상 끝날까지 너희와 항상 함께 있으리라 하시니라 마 28:20

가정에서 같이의 가치를 실현하기 위해서는 세상 끝날까지 우리와 함께하시는 하나님과 동행해야 한다. 가정예배를 통해 주님이 가정에 분부하신 모든 걸 가르치고 지켜나가야 한다. 같이의 가치와 문화를 함께 쌓아가는 경험이 더없이 중요하다.

가르침을 받는 자는 말씀을 가르치는 자와 모든 좋은 것을 함께하라고 하신다(갈 6:6). 모든 좋은 것을 함께하는 것은 서로 짐을 지는 삶이다. 가족이기에 무심함의 벽을 허물고 서로의 일상과 관심사뿐 아니라 마음의 소리와 감정을 충분히 듣는 연습을 해야 한다. 사소한 일도 부끄럼 없이 나눌 수 있는 가정, 세상 끝날까지 동행하시는 하나님과 즐겁게 소통하는 예배에서 진정한 같이의 가치를 발견할 수 있다.

마음이 전해지는 환대

결혼 초 남편과 비전을 나누며 게스트하우스 운영을 꿈꿨다. 누구든 무상으로 편히 쉬다 갈 수 있는 공간을 생각했고 1순위는 선교사님들이었다. 재정적으로 어렵게 시작한 결혼이었기에 실행 불가능한 비전이었지만, 원대한 꿈만은 포기하지 않았다. 그런데 하나님은 놀라운 방법으로 이를 조금씩 성취해가셨다.

우리 가족이 살기에도 좁은 집에 신혼 초부터 지체들을 끊임없이 보내주신 것이다. 주로 연애나 파혼, 결혼 생활에 문제가 있거나 상처 있는 형제, 자매들이었다. 짧게는 며칠, 길게는 몇 달을 함께 지내며 온 가족이 마음을 다해 섬겼다. 정성스레 차린 밥상 앞에서 지체들은 어김없이 눈물을 보였고 편안한 잠자리가 아니었음에도 평안한 밤을 보냈다.

밤이 새도록 상처를 보듬는 날도 있었다. 넉넉지 않은 형편이었기에 최상의 것으로 섬기지는 못했지만 그리스도의 사랑이 흘러가도록 힘썼다. 실연의 아픔을 겪은 자매와 두 달 남짓 지낼 때는 불편함이 없도록 큰방을 내주었다. 한사코 거절하는 자매를 설득해 아무것도 하지 말고 최대한 쉬다 가라고 권했다. 가정예배로 모일 때마다 자매를 말씀으로 축복하며 아이들과 손잡고 기도했고, 자매는 주님이 주시는 위로와 사랑으로 치유되고 회복했다.

교제하는 청년들이 함께 인사를 왔다가 헤어지고 나서 따로 찾아오는 일도 있었다. 둘의 관계는 끝났지만 우리 가족과는 소통하며 관계를 이어나갔다. 결혼에 비관적인 지체가 예찬론자가 되어 돌아가기도 했고 자녀 계획이 없었는데 소망을 품고 가는 가정도 있었다.

내가 하와이 열방대학에서 믿음의 가정을 보며 소망이 생긴 것처럼 우리 가정을 결혼과 가정의 회복을 위한 하나님의 선한 통로로 사용해주심이 그저 감사하고 행복했다.

"엄마, 오늘 메뉴는 뭐예요?"

"이모한테 줄 선물도 준비했어요?"

"오랜만에 봐서 어색하면 어쩌지?"

아이들은 손님 맞을 준비에 몸과 맘이 바빴다. 각자 역할을 분담하여 집 안 곳곳을 청소하고 오랜만에 만나는 이모에게 줄 작은 선물까지 준비하며 이리저리 움직였다. 이제는 다들 알아서 척척 해낸다. 벨이 울리기 무섭게 문 앞으로 달려가 열렬한 환영식을 치르고 시간 가는 줄 모르게 담소를 나눈다. 그렇게 새로운 추억과 은혜를 쌓아간다.

함께 손잡고 기도하며 말씀과 찬양으로 축복하고 위로하는 시간이 서로에게 버틸 힘이 되고 소중한 선물이 된다. 마음을 담은 환대는 기쁨과 행복을 넘어 존중받는다고 느끼게 하기 때문이다. 우리 집을 다녀간 많은 이에게 그리스도의 향기가 오래 머물길 소망한다. 이 원대한 꿈은 여전히 진행 중이다. 우리 집은 누구든 쉬었다 갈 수 있는 오픈 하우스이자 예배 처소다.

성도들의 쓸 것을 공급하며 손 대접하기를 힘쓰라 롬 12:13

복음이 흘러가는 예배

조카들이 어렸을 때 방학이면 집으로 데러와 얼마간 시간을 보냈다. 부족한 살림에도 물질과 시간을 쏟은 이유는 '복음' 때문이었다. 조카들은 어느 정도 머리가 큰 아이들이라 제약이 필요했고 나름대로 규칙을 만들어 이야기했다.

"얘들아, 외숙모가 점수 제도를 시행할 거야. 말씀을 암송하면 제일 높은 10점, 선행을 하면 5점, 말 잘 들으면 5점, 말 안 들으면 -5점, 욕이나 나쁜 말을 하면 -10점이야. 점수는 마지막 날 합산해서 선물을 줄 거야. 그리고 가장 중요한 건, 암송해야 밥을 먹을 수 있어!"

그러고는 "형제를 사랑하여 서로 우애하고 존경하기를 서로 먼저 하며 부지런하여 게으르지 말고 열심을 품고 주를 섬기라"(롬 12:10,11)라는 암송 말씀을 거실 벽에 붙여두었다.

처음엔 수련회 같다며 투덜거리던 조카들은 걱정과 달리 한 명씩 돌아가면서 또박또박 성경을 암송했다. 조이가 누나 형들을 도와주기도 하고, 먼저 외운 조카가 다른 조카를 봐주기도 했다. 해마다 조카들은 외삼촌 집에 오는 것을 마다하지 않고 방학을 기다렸다.

낮에는 다양한 놀이와 체험으로 추억을 쌓았고 저녁이면 예수님 이야기를 들려주며 함께 예배를 드렸다. 그 가운데 네 명의 조카가 남편을 통해 영접기도를 하고 신앙생활을 결단했고 가족 구원을 위해 간절히 기도하는 시간도 가졌다.

지금은 성인이 된 조카들이 그때를 기억하며 고마워한다. 외숙모가 해준 맛난 음식들, 함께한 추억들을 잊지 않고 있다고. 어릴 때부터 복음을 흘려보냈지만 구원이 주께 있기에 하나님의 때에 조카들의 영혼을 구원하시고 생명책에 기록해주시길 소망한다. 여전히 매일 아이들과 조카들의 이름을 불러가며 기도의 끈을 놓지 않고 있다.

한번은 조이의 친구가 와서 2박 3일간 같이 지냈다. 아이는 암송과 가정예배를 처음에는 낯설어하다가 점차 적응해갔다. 첫날 가정예배 시간에 우리는 조이 친구를 다 같이 축복해주었다. 아이는 어색해서 어쩔 줄 몰라 하다가 둘째 날 예배 때는 자기가 우리 가족을 축복해주고 싶다고 선뜻 나섰다.

우리 가족의 이름을 다 불러가며 마음을 담아 해주는 축복 기도에 모두 놀라고 깊이 감동했다. 무엇보다 감사한 건, 아이가 집으로 돌아가 조이네에서 드린 예배가 좋았다며 부모에게 가정예배를 드리자고 했다는 거였다. 이보다 기쁜 소식이 있을까.

믿음의 가정이라면 우리 가족의 만족과 행복을 누리는 데서 끝나면 안 된다. 삶에서 복음이 흘러가 세상으로 파송되는 예배를 드려야 한다. 그 대상이 누구든, 때를 얻든지 못 얻든지 복음 전파를 위해 항상 힘써야 한다.

우리의 예배가 모두의 예배가 될 때까지 믿음의 가정들이 복음을 부끄러워하지 않고 예배를 흘려보내는 일에 적극적으로 도전하길 기도한다. 복음이 모든 믿는 자에게 구원을 주시는 하나님의 능력이 될 줄 믿는다.

내가 복음을 위하여 모든 것을 행함은 복음에 참여하고자 함이라

고전 9:23

연합 가정예배의 보약

늘 친밀하게 교제해오던 하늘이네와 식탁 교제를 나누고 오랜만에 연합 가정예배를 드렸다. 사모님 배 속에 있는 아기까지 열한 명이 함께하는 풍성한 예배였다. 하늘이네 예배 형식에 따라 목사님의 인도로 〈구주의 십자가 보혈로〉를 힘차게 찬양했다. 아이들이 돌아가며 예배를 위해 기도하고 시편 말씀을 다 같이 암송했다.

여호와께 감사하라 그는 선하시며 그 인자하심이 영원함이로다

시 136:1

서로의 얼굴을 바라보며 말씀을 선포하고, 옆 사람, 앞사람, 사랑하는 사람에게 말씀을 읊조리는 동안 우리 얼굴엔 아름다운 꽃이 환하게 피어났다. 이렇게 사랑을 나누는 모습을 보며 하나님은 얼마나 기뻐하실지 절로 마음이 뜨거워졌다.

우리는 감사하지 못했던 삶의 모습을 회개하며 서로의 가정과 사역을 위해 기도했다. 그리고 목사님이 아이들의 머리에 안수하며 뜨겁게 기도해주었다. 그러고는 다시 한번 시편 말씀을 선포하고 서로에게 "사랑합니다, 축복합니다"를 외치고 주기도문으로 예배를 마쳤다. 함께하는 예배여서 기쁨이 배가 되었고 서로를 축복하는 시간이 감사했다. 곧장 2부 순서가 이어졌다.

"우리 보약 한번 먹어볼까?"

목사님 말씀이 끝나기가 무섭게 우리는 깔깔대며 큰 소리로 웃었다. 처음엔 일부러 웃었지만 삽시간에 웃음이 퍼져 두 가정 모두 배꼽이 실종될 때까지 웃고 또 웃었다. 이렇듯 목사님 댁에서는 예배 후에 '웃음 보약'을 먹는 시간이 있었다. 값을 매길 수 없는 웃음 보약을 먹어서인지 모두의 얼굴빛이 달라 보였다. 합력하여 선을 이루시는 하나님께서 귀한 가정과 동역하게 하심에 감사했다.

가끔 우리 집에 가정예배를 드리러 오는 사람들이 있다. 식탁 교제를 나누고 예배를 드리면 성도의 교제를 넘어서는 특

별한 은혜가 임한다. 연합 가정예배만의 축복이다. 기회가 된
다면 다른 가정과 연합 예배를 드려보길 바란다. 특별하고 대
단한 걸 준비하지 않아도 된다. 있는 모습 그대로 하나님 앞
에 모이는 것으로 충분하다.

보라 형제가 연합하여 동거함이 어찌 그리 선하고 아름다운고

시 133:1

10

환경과
상황을
이기는
예배

애들 잡는 가정예배?

내겐 해결되지 않은 트라우마가 있다. 어릴 때 부모님의 싸움을 자주 목격한 탓에 언성을 높이며 싸우는 소리가 들리면 지금도 심박수가 빨라지고 긴장한다. 이런 트라우마를 친한 동생에게 나눴을 때 뜻밖의 이야기를 들었다.

자신의 트라우마는 다름 아닌 가정예배라고 말이다. 그녀는 가정예배가 지옥이었다는 말을 스스럼없이 내뱉었다. 나는 술 취한 아버지의 목소리만 들어도 불안 증세를 겪었는데, 동생은 "예배드리자"라는 소리에 심장이 요동쳤다고 했다.

동생의 아버지는 가정예배 시간에 늘 훈계를 하셨다고 한다. 예배로 모였지만 외모와 태도, 신앙과 성적 지적 등으로 가족이 숨을 쉴 수 없었다고 회고했다. 그래서 동생은 결혼하면 절대 가정예배를 드리지 않을 거라고 확실히 선을 그었다.

소통과 나눔 없이 일방적으로 훈육받는 예배 시간이 얼마나 고통스러웠을까. 오죽했으면 지옥이라 표현했을까 생각하니 그 마음이 헤아려졌다. 감사하게도 이후 동생에게 회복과 치유의 시간이 있었고 지금은 아름다운 가정을 이루고 예쁘게 믿음 생활을 하고 있다.

한번은 우리 집 가정예배가 무르익어 갈 무렵 어린 자녀들과 매일 가정예배를 드린다고 하니 한 목사님이 "애들 잡는 가정예배, 그런 거 하지 말라"라고 조언했다. 애들이 싫어하는데 억지로 데려다 가정예배를 드리면 나중에 가정과 하나님을 모두 떠난다는 게 그의 지론이었다.

한창 어려움을 극복하며 아이들과 행복한 예배를 드리고 있는데 '격려는 해주지 못할망정 왜 저런 말씀을 하실까?' 하고 이해되지 않았다. 하지만 친한 동생의 사례와 목사님의 말씀을 종합해볼 때 그럴 만한 이유가 있으려니 했다.

그렇다면 가족과 하나님을 더욱 가까이하며 행복한 가정예배를 드리기 위해 힘쓰면 되는 것 아닌가. 가정예배가 믿음의 가정을 파괴하는 주범이 되지 않도록 말이다.

교회를 떠날까 봐 신앙을 강요할 수 없다는 이야기는 해도 학교를 떠날까 봐 학업을 중단한다는 부모는 본 적이 없다. 학업에 있어서는 자녀가 힘들어해도 '애들 잡는 공부'를 시키며 부모의 뜻을 굽히지 않지만 정작 신념을 굽히지 않아야 할 신앙에 있어서는 관대한 부모들이 많다.

공부는 당연히 해야 할 의무와 책임으로 여기면서 신앙생활은 여러 이유를 갖다 붙이며 과도하게 염려하며 멀리하려고 한다. 주님의 자녀로서 마땅히 감당해야 할 책무도 있는 법이다. 자녀가 하나님을 떠날까 봐 신앙 훈련이나 믿음의 자리를 포기하는 건 부모의 믿음 없음을 증명할 뿐 아니라 하나님을 불신하는 일이 되고 만다.

한번은 아이가 어릴 때부터 신앙 안에서 잘 키워온 분이 '모든 걸 내려놓겠다'며 내게 상담을 청했다.

"사모님, 저 이제 교회에서 예배드리는 것 외에 집에서 하는 신앙교육은 안 하려고요."

"아니, 왜요? 지금까지 잘해왔잖아요. 무슨 힘든 일이라도 있었어요?"

"실은 남편이 집에서 아이랑 성경 읽고 암송하며 예배드리지 말래요. 그러다 아이가 목사 된다고 하면 어떡할 거냐고요. 실은 저도 조금은 염려되기도 해서요."

예상하지 못한 답변에 말문이 턱 막혔다. 목사가 되면 어떤가. 또 목사는 아무나 되나. 그에게 신앙은 어떤 의미였을까. 여러 생각이 들어 너무 안타깝고 속상했다. 신앙은 부모가 만들어주는 영역이 아니라 하나님의 은혜이자 선물이다. 소명과 사명 또한 그분 손에 있다.

가정예배는 부모가 받은 은혜와 사랑을 자녀도 경험하길 바라는 마음으로 그저 주님을 소망하며 함께 나아가는 자리다. 이 귀한 자리를 지옥으로 만들 것인가 아니면 천국으로 만들 것인가는 부모의 태도에 달려있다.

가정예배 시간에는 율법으로 칼날을 세우며 가르치고 훈계해선 안 된다. 사랑으로 복음을 제시하며 죄인 됨을 고백하고 용납되는 시간이어야 한다. 죄인에게는 예수님 한 분이면 충분하다. 예배의 주인이 주님이심을 기억하고 그분 앞에 모일 때 애들을 '잡는' 가정예배가 아니라 '하나님의 자녀로 세우는' 가정예배가 될 것이다.

예배는 절대 포기하지 않을 거니까

하루는 자정에 가까워서야 가정예배를 드리기 위해 모였다. 정해진 시간에 드려야 했지만 사소한 갈등으로 예배를 이어갈 수 없어서 잠깐 미뤘다가 다시 만나는 자리였다.

예배자로서 성숙하지 못한 시절엔 상황과 기분에 따라 예배를 포기하곤 했다. "때려치워! 우리가 무슨 가정예배야! 다 들어가!" 상한 감정을 그대로 받아들인 결과였다. 그런데 예배를 포기할 때 얻는 유익이 하나도 없었다. 해결되지 않은 감정과 예배하지 못한 상실감은 그대로 남아 평안을 앗아갔다.

분을 내어도 죄를 짓지 말며 해가 지도록 분을 품지 말고 마귀에게 틈을
주지 말라 엡 4:26,27

우리 가정에는 '그날의 갈등은 그날에 풀어야 한다'는 법칙
이 있다. 갈등의 골이 아무리 깊어도 화평이 깨진 상태로는 잠
들지 않으려 모두 노력한다. 취침 전까지 어떻게든 갈등을 풀
어보려고 애쓴다. 비단 갈등만 그날에 해결하는 것이 아니라
그날의 가정예배는 그날에 드리는 게 원칙이다.

상황과 감정에 따라 예배를 포기하는 것은 마귀에게 틈을
주고 그들만 기뻐하는 일임을 깨달았다. 갈등의 순간, 위급한
순간에도 예배를 멈추거나 포기하지 않았다. 단, 다시 예배할
수 있는 마음과 환경이 될 때까지 기다리는 훈련이 필요했다.

아이가 다쳐 응급실을 다녀와야 했을 때는 늦은 밤 감사예
배로 모였고 갈등으로 예배가 늦춰지면 회개함으로 모였다.
부모가 어떤 상황에도 절대 예배를 포기하지 않는다는 걸 아
이들이 알기에 갈등의 순간에도 최대한 빨리 마음을 정리하려
고 애쓰는 모습이 보인다. 어느 때나 부모의 일관성이 정말 중
요하다. 우리는 계속 핑계를 찾으며 합리화한다.

'아이가 아팠어', '오늘은 너무 바쁘고 정신없는 날이었어',
'갑자기 손님이 왔잖아', '이런 마음으론 도저히 예배드릴 수

없단 걸 하나님도 아실 거야.'

스스로 위안하며 예배드리지 못할 이유를 끊임없이 찾는다. '내일부터 하면 되지'라고 하지만 내일이면 똑같은 일상의 반복으로 예배는 까맣게 잊고 말 것이다. '이렇게 힘들고 어려운 예배, 그냥 포기하고 편하게 살 것인가 아니면 억지로라도 끌고 가며 역경을 뚫고 은혜를 사모할 것인가'로 딜레마에 빠지지만 포기하지 않을 때 임하는 은혜는 이루 말할 수 없다.

"자신의 과거보다 한 걸음 앞서가라"라는 인도 속담이 있다. 어제의 예배가 실패했다고 오늘의 예배를 포기한다면 매일같이 찾아오는 은혜를 놓치게 된다. 우리 기준으로 예배에 실패했다고 느낄 때마다 움츠러들었다면 지금까지 예배를 이어올 수 없었을 것이다. 성장에는 반드시 진통과 아픔이 따른다.

가정예배는 주실 은혜를 사모하며 입을 크게 열어 채우실 주님을 기대하는 축복의 시간이다. 오늘을 살아내자. 한 번의 예배를 제대로 지킨 오늘이 모여 우리 가정의 역사와 문화가 되고 자녀에게 전수되는 유산이 될 것이다.

우리가 선을 행하되 낙심하지 말지니 포기하지 아니하면 때가 이르매 거두리라 갈 6:9

천국은 침노하는 자의 것

친정아버지 장례를 치르던 상중(喪中) 주일이었다. 자녀 된 도리로 그 자리를 지켜야 했지만 네 아이를 데리고 잠시 교회로 향했다. 상황과 환경이 어떻든 우선순위를 포기할 수 없었다. 기독교 장례가 아니었기에 예배가 더 간절했던 것도 사실이다. 하나님은 모든 상황을 아시고 예배 가운데 큰 위로와 평안을 주셨고 소망으로 우리 가정을 인도해주셨다.

믿음의 1대로 예배를 지켜내는 일은 참 고되고 힘겨웠다. 주일성수와 가정예배를 사수하는 우리 가정은 불신 가족들 사이에서 이단아이자 트러블 메이커였다. 가족 행사나 명절 등 단순하게 넘어갈 수 없는 일 앞에서 우리의 예배는 늘 걸림돌이었다.

"뭐 하느라 이렇게 전화를 안 받니?"

"아, 가정예배 드리느라 못 받았어요. 죄송해요."

"예배가 뭔 대수라고 가족들 걱정하게 만드니. 하여간 너희는!"

"저희 예배드리게 이 방 좀 비워주세요."

"하루 정도 빠진다고 큰일 나는 거 아니잖아! 너희는 여기까지 와서 그러냐?"

오랜 기간 단련되어 군은살이 생겼음에도 가족들의 따가운 시선과 날 선 말을 온몸으로 받아내는 건 견뎌온 시간만큼 고통스러웠다. 가족을 사랑하고 누구보다 화목하길 원했지만 예배 문제 앞에서는 냉정할 수밖에 없었다. 우리는 자기 전에 모여 짧게라도 예배하는 것으로 위안 삼았다.

천국은 값없이 주어지는 선물이지만 가정예배는 관계가 깨질 것까지 감수하며 사수해야 하는 자리였다. 하지만 타협 없이 지켜내고 이겨내자 하나님은 천국을 경험하게 하셨다. 언제부턴가 가족들이 알아서 예배드릴 장소를 제공해주고 예배 시간을 피해서 전화를 걸었다. 아이들이 노느라 정신없을 때도 예배 먼저 드리고 오라고 재촉하기도 했다. 혹시라도 예배에 방해될까 봐 오히려 가족들이 조심하는 지경이 되었다.

주께서 나의 슬픔이 변하여 내게 춤이 되게 하시며 나의 베옷을 벗기고 기쁨으로 띠 띠우셨나이다 시 30:11

"함께 예배드리실래요?"

예배드리기 전에 천국을 침노한 자들이 가족들에게 손을 내민다. 궁금해하는 조카들을 유인해 함께 예배하며 축복할 때도 있다. 가족들이 모였을 때 일부러 방문을 열어 두기도 한다. 한 사람 한 사람 이름을 불러가며 가족의 구원을 위해 통성으로 기도하는 소리를 통해 그들을 향한 간절한 마음이 전달되었으면 해서다.

하나님의 영광을 위한 자리는 고난도 반드시 따른다. 하지만 당면한 문제를 피하고 외면하기보다는 우리를 도우시는 주님과 함께 넉넉히 이겨내야 한다. 가족이 함께 고민하고 나누며 돌파할 힘이 가정예배에 있다. '침노를 당할 것인가, 침노할 것인가'의 기로에 있다면 천국의 주인이신 주님 편에 당당히 서길 바란다. 그다음 역사는 그분이 만들어가실 것이다.

세례 요한의 때부터 지금까지 천국은 침노를 당하나니 침노하는 자는 빼앗느니라 마 11:12

11

위로와
소망을
품은
예배

묻지도 따지지도 말고 감사예배

어느 날 저녁상을 치운 지 얼마 되지 않아 막내 시온이의 울음소리가 들렸다. 트램펄린에서 뛰다가 미끄러진 아이의 얼굴은 생각보다 심각했다. 넘어지면서 나무 탁자에 입술을 부딪쳐 열세 바늘을 꿰매야 했고 영구치 두 개와 유치 하나가 흔들려 지켜봐야 하는 상황이었다.

네 아이를 키우며 수도 없이 들락거린 응급실이지만 갈 때마다 요동치는 심장과 속상함은 이루 말할 수 없다. 많이 아프고 무서웠을 텐데 씩씩하게 잘 이겨낸 아이가 대견했다. 집에 돌아오니 걱정했던 세 아이가 눈물이 그렁그렁한 채 시온이를 따뜻하게 안아주었다. 그제야 내 눈에서도 참았던 눈물이 흐르며 저린 마음을 적셨다.

아이를 보호해주신 주님께 감사하며 다 함께 가정예배를

드렸다. 아이들은 위험천만한 상황에서 그 정도만 다친 게 전적인 하나님의 은혜라고 고백했고 돌아가면서 막내의 마음을 위로하고 빨리 치유되길 간절히 기도했다.

내가 시온이를 안고 눈을 지켜주셔서 감사하고, 코가 안 부러져서 감사하고, 팔다리를 안 다쳐서 감사하다고 감사 제목들을 열거하니 아이가 양팔을 벌리며 말했다.

"하나님이 저를 이렇게 받쳐주신 것 같아요. 안 그랬으면 더 다쳤을 텐데 붙잡아 주셔서 입만 다쳤어요. 진짜 감사해요."

여덟 살 아이의 고백이 감사해서 모두 눈물을 삼켰다. 부은 입술 때문에 며칠 동안 말도 잘 못 하고 죽만 먹어야 했지만 가족의 관심과 사랑을 한 몸에 받았다.

"하나님, 시온이가 아프니까 집이 너무 조용해요. 예전처럼 시끄러워도 좋으니까 재잘거리는 시온이로 돌아오도록 얼른 낫게 해주세요."

막내의 예쁜 미소와 웃는 얼굴을 기대하는 아이들이 무시로 와서 기도해주었고 가정예배는 여호와 라파 치료자 하나님을 바라보는 시간이 되었다.

여호와 하나님, 감사합니다.
진리의 예수님, 사랑합니다.
능력의 성령님, 기대합니다.

성삼위 하나님, 찬양합니다.

감사 일기 첫 줄에 항상 쓰는 글귀다. 쉴 새 없이 일어나는 문제에 걸려 넘어질 때마다 감사를 발견했고, 그때마다 무조건 감사예배를 드렸다.

내 자궁에 근종이 발견되었을 때, 온유가 교통사고를 당했을 때, 조이 다리에 종양이 발견되었을 때, 사랑이가 화상을 입었을 때, 출산한 지 한 달 만에 이사해야 했을 때, 수많은 사건 사고로 응급실을 들락거렸을 때도 묻지도 따지지도 않고 무조건 감사예배로 모였다.

하나님께서 우리가 어떤 환경에서도 감사할 수 있는지 그 마음을 들여다보시는 것만 같았다. 마치 모든 상황과 환경이 시험을 치르는 것처럼 테스트 하나를 통과하면 또 다른 테스트가 기다리고 있었다. 그때마다 남편과 감사의 자리를 지키려고 애썼다. 인정하고 싶지 않은 많은 어려움 가운데서도 우리가 있어야 할 자리는 불평과 원망이 아닌 감사의 자리였기에 가정예배 가운데 주님의 인도하심을 바라며 평안할 수 있었다.

무슨 일을 만나든 하나님 한 분만 의지하며 감사로 만족하는 훈련의 시간이었다. 고난과 어려움 속에서 감사의 이유를 찾다 보면 받은 복이 셀 수 없을 만큼 많았고 그 은혜를 깨닫자 모든 게 감사했다. 지금도 고난의 터널을 지나고 있지만 가족들과 무조건 감사예배로 모인다. 긴 터널의 끝이 소망이고 희망임을 알기 때문이다.

다음은 2013년 3월 4일, 내가 넷째를 가졌을 즈음 우리 가족의 감사기도 제목들이다.

조이의 감사

1. 다정한 부모님을 주서서 감사하고, 귀여운 온유와 통통하고 사랑스러운 사랑이, 막내 시온이를 주서서 감사합니다.
2. 하나님과 예수님이 계서서 감사합니다.
3. 부모님이 훈계로 우리를 잘 가르쳐주서서 감사합니다.
4. 엄마에게 넷째를 보내주서서 감사합니다.

온유의 감사

1. 아버지, 어머니, 형, 사랑이, 시온이를 주서서 감사합니다.
2. 예수님을 주서서 감사합니다.
3. 집과 책과 첼로와 냉장고와 TV를 주서서 감사합니다.
4. 빛을 주서서 감사합니다.

남편의 감사

1. 부족한 자를 신학의 길로 불러주서서 감사합니다.

2. 어려운 환경에서도 주님을 바라보게 하시니 감사합니다.

3. 지식이 없고 부족하여 하나님을 더욱 의지하게 하시니 감사합니다.

4. 말씀 암송이 쉽지 않지만 아이들이 말씀을 새기며 하나님을 경외하도록 도우시니 감사합니다.

나의 감사

1. 부족하지만 예배하는 가정으로 삼아주시고 풍성한 감사를 나누게 하시니 감사합니다.

2. 연약하고 모자란 부모를 존경하고 사랑해주는 아이들이 있어서 감사합니다.

3. 하나님의 사랑으로 품어주고 사랑해주는 가족이 있어서 감사합니다.

당시 조이가 여덟 살, 온유가 여섯 살이었다. 생후 30개월이던 사랑이도 "귤을 주셔서, 인형을 주셔서, 장난감을 주셔서 감사하다"라고 고백했다.

돌아가면서 감사 제목을 나눌 때 겨우 눈물을 참고 있었는데 내 차례가 되자 목이 메어 말을 잇지 못했다. 남편도 눈시울이 붉어졌고 아이들은 하나같이 달려들어 우리의 눈물을 닦아주었다. 감사해서 웃고 감사해서 울며 아버지의 풍성한 사랑을 느꼈다.

매일 감사로 하루를 사는 것은 주 안에서 은혜와 복을 누리는 자의 마땅한 자세다. 어떤 상황에도 감사하는 태도는 하나님의 섭리와 인도하심에 대한 전적인 동의를 뜻한다. 우리 가정에 부어주시는 은혜에만 감사하는 것을 넘어 '그럼에도 불구하고' 감사하는 훈련을 하고 있다.

비천에 처할 줄도 알고 풍부에 처할 줄도 알아 자족하며 감사할 수 있는 가정, 주셔도 감사 안 주셔도 감사, 아파도 감사 건강해도 감사, 부족해도 감사 풍요해도 감사, 모든 일에 감사가 넘쳐나길 기대하며 하루의 시작과 끝, 삶의 처음과 마지막이 감사이길 소망한다.

나는 네 하나님 아버지야

수년 전 상상할 수 없는 억측으로 나를 판단하며 비방하던 한 분 때문에 힘든 시간을 보냈다. 당시는 사람을 만나는 게 무서워서 한동안 은둔하듯 지냈다. 억울하고 속상했지만 아이들 앞에서만큼은 주님께 집중하는 모습을 보이려고 애썼다. 하지만 가족들은 말하지 않아도 내가 힘든 걸 알았고 고통을 보듬어주었다.

나의 힘듦과 눈물, 아픔을 보일 수 있는 유일한 곳이 가정이었다. 힘을 낸다고 했지만 아이들 눈에는 그렇지 않았던 모양이다. 가정예배 후 둘째가 다가와 천국 우표를 붙인 쪽지 한 장을 수줍게 내밀었다.

"안녕 은실아, 나는 네 아버지 하나님이야. 힘내. 너무 축 처져 있지 말고. 은실아, 네 자녀들이 힘내라고 전해달래. 내가 전에 알려줬지? 그런 사람을 미워하지 마. 마태복음 11장 28-30절을 읽어보렴. 사랑한다. 은실아."

단지 아이가 쓴 글이 아니라 정말 하나님의 음성이었다. 쪽지에 쓰인 말씀을 기억한 순간, 내 무거운 짐을 대신 지시고 위로와 소망으로 찾아오신 예수님이 떠올랐다. 그러자 간신히 막아놓은 눈물 댐이 와르르 무너지고 말았다.

그 말씀은 주저앉은 나를 일으켜 세우는 주님의 음성이자 응답이었다. 그 어떤 위로와 격려보다 말씀 한 절이 큰 힘이 된다는 걸 아이를 통해 배웠다. 내 안에 그리고 우리 안에 같은 말씀이 거하는 은혜가 감격스러웠고 온유하고 겸손하신 주님이 우리 아버지여서 행복했다.

수고하고 무거운 짐 진 자들아 다 내게로 오라 내가 너희를 쉬게 하리라 나는 마음이 온유하고 겸손하니 나의 멍에를 메고 내게 배우라 그리하면 너희 마음이 쉼을 얻으리니 이는 내 멍에는 쉽고 내 짐은 가벼움이라 하시니라 마 11:28-30

사역을 시작하면서 예상치 못한 비난을 받았고 근거 없는 소문에 시달리기도 했다. 지금은 견뎌낼 근육이 생기고 회복도 빠른 편이지만 처음 그런 일을 만났을 땐 온전히 하나님 앞에서만 반응하는 게 쉽지 않았다. 선으로 악을 이겨야 할지 악을 악으로 응수해야 할지 갈등하곤 했다.

하지만 가정예배 가운데 기도할 때면 주님의 마음을 알게 되었다. 또 응원해주고 지지해주는 가족들과 날 가장 잘 아시는 하나님이 함께하시기에 덤덤히 받아들일 수 있었다.

어떤 분은 내게 "행복한 척 그만하고 하나님 앞에서 회개하라"라고 했다. 주 안에서 믿음의 공동체로 행복한 가정을 꾸려가고자 무던히 노력했던 시간을 모르니 하는 말들이었다. 사람들은 과정을 보지 않는다. 얼마나 치열하게 살아내고 있는지 그 과정을 본다면 결코 못 할 말이다.

우리 가정을 가까이서 오랫동안 지켜본 지체들은 우리의 삶이 거짓이 아님을 증명해줄 수 있을지도 모르겠다. 하지만 주님이 아시면 그만이다. 이제는 공격해오는 상대가 밉기보다는 그들의 상처가 보일 때가 있다. 가시 돋힌 말이나 글 속에 상처와 연약함이 그대로 묻어나기 때문이다.

물론 우리 가정도 문제와 어려움이 있다. 당면한 문제를 인정하고 수용하며 기도와 사랑으로 이겨내기 위해 노력하고 있고, 끊임없이 용납과 용서를 훈련하고 있다. 이 터널이 언제 끝날지 알 수 없으나 그 끝은 빛이요 희망이기에 소망의 주님을 바라고 있다.

여전히 상처도 생기고 상처 난 자리가 덧나기도 한다. 그러나 우리 가정의 아버지 되시는 하나님이 함께하시기에 그리고 위로와 소망을 품은 가정예배가 있기에 은혜 입은 그 자리로 다시 나아간다.

> 성령이 친히 우리의 영과 더불어 우리가 하나님의 자녀인 것을 증언하시나니 자녀이면 또한 상속자 곧 하나님의 상속자요 그리스도와 함께한 상속자니 우리가 그와 함께 영광을 받기 위하여 고난도 함께 받아야 할 것이니라 롬 8:16,17

내 주 예수 모신 곳이 그 어디나 하늘나라

잦은 이사 끝에 7년간 거주했던 임대 아파트를 떠나기 전날, 그 집에서 마지막 예배를 드렸다. 많은 은혜와 추억, 예배와 기도, 말씀이 쌓인 곳이어서 만감이 교차했다. 돌아가면서 그동안의 은혜를 나눴다.

이사를 앞둔 이른 아침에 아이들과 손을 잡고 마지막으로 기도했다. 그러자 먼지가 뽀얗게 쌓인 거실에서 세 아이와 무릎 꿇고 첫 감사예배를 드렸던 순간이 떠올랐다. 엘리베이터

있는 집에서 사는 게 소원이었던 아이들의 기도가 응답된 집이었기에 곳곳에 진한 웃음이 배어있었다.

부모님이 처음으로 '집 같은 집'이라고 인정한 집이었다. "이제 내가 두 다리 뻗고 맘 편하게 잘 수 있겠구나"라고 하시며 눈시울을 붉혔던 모습이 스치듯 지나갔다. 우리는 가장 추운 날 가장 따뜻한 예배의 은혜를 남기고 떠나왔다.

열 평이 채 안 되는 월세 신혼집부터 지금의 사택까지 18년간 다양한 집에서 살았다. 두 번째 집은 반지하였다. 사실 결혼과 동시에 오랜 반지하 살이를 청산하며 '앞으론 절대 반지하 안 살아' 하고 다짐했었다. 곰팡이, 각종 벌레와 동고동락하는 습하고 어두침침한 삶은 결혼 전으로 끝내고 싶었다. 하지만 형편과 상황 앞에서 나의 다짐은 사치에 불과했다. 그곳에서 둘째 온유를 출산했는데 아이가 유난히 잔병치레가 많았다. 설상가상으로 몇 번의 침수 피해 후 도저히 어린 아기를 데리고 살 수 없어 이사를 강행했다.

그러나 턱없이 부족한 재정이 발목을 잡았고 매일 아이들과 거할 처소를 주시길 간구했다. 족히 백여 집을 본 후에 30년 된 구옥을 구했다. 녹물이 나오고 외풍이 심해 여러 어려움이 있었지만 햇살이 거실 가득 비치고 빨래를 보송하게 말릴 수 있는 집이어서 감사했다. 이곳에서의 생활도 잠시, 셋째 사랑이를 출산한 지 한 달 만에 집주인의 횡포로 쫓겨나고 말았다.

몸조리할 시간만 달라고 간청했지만 집주인은 매정했다. 물질도 의지할 사람도 없었기에 어떤 환경으로 가더라도 가족이 똘똘 뭉쳐 기도하며 하나님의 인도하심을 기다렸다. 다음으로 옮겨간 장막은 재건축을 앞둔 30년 된 주공아파트였다. 쓰러질 듯한 외관에 낡디낡은 집이었지만, 기도한 대로 아이들이 맘껏 뛸 수 있는 1층이었고 집 앞에는 놀이터가 있었다. 그러나 이후 비가 오면 주방에 물이 새고 베란다에 비가 들이쳤고, 작고 낡은 5층짜리 아파트에서 난생처음 산후 우울증이 찾아왔다.

아이들에게 좀 더 나은 환경을 마련해주지 못하는 부모의 무능력과 무력감에 마음이 무너졌다. 그럴 때마다 아이들이 용기를 주었다.

"엄마, 우리 또 기도하면 되잖아요. 울지 마요!"

현실에 주저하며 낙심했던 나와는 달리 예배 가운데 믿고 구하는 건 아이들이었다. 어디에 살든 매일 예배로 모이고 변함없이 그 자리를 지키며 함께 기도했던 아이들. 이사한 집에서 첫 예배를 드릴 때마다 내 입술에서 어김없이 찬송가 438장 〈내 영혼이 은총 입어〉가 흘러나왔다.

한 소절 한 소절 부르다 보면 어느새 눈물이 볼을 타고 흘러 품 안에 아이에게 떨어졌다. "초막이나 궁궐이나 내 주 예수 모신 곳이 그 어디나 하늘나라"라고 늘 고백했지만, 정작 환경과 상황 앞에 초라함을 느끼는 내 모습이 죄송하고 부끄러웠다. 지금의 시간이 우리가 거쳐야 할 광야라면 불평불만 없이 주님만 의지하자고 결의했고, 지리멸렬하게 살아온 자리에 예배가 쌓이고 기도가 쌓이고 말씀이 쌓여갔다.

하나님은 이미 큰 그림을 그리고 계셨다. 집을 옮겨 다닐 때마다 가장 좋은 선물로 우리를 위로해주셨다. 그건 누가 뭐래도 하늘 상급인 아이들이었다. 육신의 장막보다 더 큰 여호와의 기업을 주신 주님. 이 땅에서 나그네로 살아가는 동안 영원한 나라를 함께 소망할 수 있는 믿음의 공동체를 허락하시고 아이들에게 복음과 믿음의 유산을 상속할 수 있도록 인도하심이 가장 큰 위로와 은혜였다.

지난 시간 신실하게 인도하시고 함께해주신 주님의 은혜를 어찌 다 나열할까. 삶의 모든 순간이 하나님의 은혜다. 주 예수와 동행하니 그 어디나 하늘나라. 할렐루야!

내가 여호와께 바라는 한 가지 일 그것을 구하리니 곧 내가 내 평생에
여호와의 집에 살면서 여호와의 아름다움을 바라보며 그의 성전에서
사모하는 그것이라 시 27:4

12

믿음의
　　유산을
　흘려보내는
　　예배

무소부재하신 하나님께 드리는 예배

"하나님, 감사합니다. 오늘도 예배드려요. 언제 어디서나 행복하게 예배할 수 있도록 함께해주세요. 예수님 이름으로 기도합니다. 아멘!"

막내 시온이가 다섯 살 무렵, 여행지에서 예배를 드려야 한다며 기도한 내용이다. 예배가 중심이 된 삶을 사는 아이들 덕분에 예배를 놓칠 수가 없다. 예배 장소만 바뀔 뿐 가정예배로 모이는 예배자들은 그대로이기 때문이다.

아이의 기도처럼 언제 어디서나 행복하게 예배할 수 있도록 그 자리를 지켜왔다. 정해둔 예배 시간에 모임이나 외출로 귀가 중일 때는 돌아오는 차 안에서 예배를 드린다. 집에 돌아와 예배할 수도 있지만 되도록 예배 시간에 맞춰 이동 중에도 예배드리는 걸 원칙으로 삼았다. 물리적인 공간을 넘어 초월적으로 역사하시는 하나님의 임재를 아이들에게 알려주고 싶었다.

첫째 조이가 일곱 살 때 차 안에서 예배를 인도하던 날이었다. 자칭 조이 목사님이 말씀을 전하기 시작했다. 열심히 듣던 중 내용이 심상치 않아 녹음 버튼을 눌렀다.

"내비게이션이 차를 인도해주는 것처럼 하나님과 예수님은 우리를 성령으로 인도해주십니다. 차가 빠르게 움직이는 것처럼 하나님도 빠르게 응답하시고 차가 강한 것처럼 하나님도 강하십니다. 차들이 연기를 뿜어내는 것처럼 무언가 나타나 우리를 쓸어버리거나 우리의 기분을 안 좋게 할 때 하나님이 그들을 쫓아내 주십니다.

하나님은 우리를 지켜주십니다. 우리의 구원자시고 능력자십니다. 하나님은 자동차보다 빠르시고 그 무엇보다 강하시고 모든 것을 창조하시고 일곱째 날에 쉬셨습니다. 하나님은 우리에게 사랑을 듬뿍 주시고, 우리를 하나님의 집으로 인도해주시고, 모든 것이 다 이루어지게 하십니다.

하나님께 기도하면 우리에게 필요한 것을 다 주시고, 모든 나쁜 일은 하지 말라 하시고, 부모님 말씀에 순종하라 하십니다. 모든 하나님의 말씀에 순종하게 하시고 불순종하면 큰일 난다고 하셨습니다. 하나님께서 우리를 지켜주시고, 정결케 하시고, 하나님의 집으로 인도하셨습니다. 우리는 하나님을 믿어야 합니다. 말씀 끝났습니다."

꼬마 목사님의 다듬어지지 않은 말씀이었지만 참 은혜로웠다. 아이가 달리는 차 안에서 바깥 풍경을 보며 말씀을 적용하는 게 놀라웠다. 처음 차 안에서 예배드릴 때는 아이들이 바깥 풍경에 사로잡혀 집중하지 못했다. 그렇지만 '달리는 교회'는 멈추지 않았다.

얼마 전에 외출 후 귀가 중인 나는 차 안에서, 나머지 가족은 집에서 통화하며 예배를 드렸다. 운전 중이었지만 가족들의 배려로 스피커 음성에 최대한 귀 기울이며 전심으로 예배하려고 애썼다. 예배는 눈에 보이는 장소로 국한되지 않는다. 우리가 하나님의 성전인 것과 성령이 우리 안에 계심을 믿을 때, 어디서든 무소부재하신 하나님께 예배할 수 있다.

우리는 늘 주님과 동행한다고 고백하지만, 주일에 교회 현관을 나서는 순간 그분의 존재를 망각하거나 애써 지우곤 한다.

'지금은 주님이 필요치 않아요. 잠시만 교회에 계실래요? 일상이 너무 분주해서 주님을 만나기가 힘들어요. 다음에 초대할게요. 그리고 주님, 저희 여행에는 함께 못 가실 것 같아요. 주님이 계시면 즐겁게 놀 수가 없거든요. 돌아오면 다시 만나요.'

직접적으로 표현하지 않아도 우리 삶에 편재(遍在)하시는 하나님을 필요에 따라 제한하고 거부할 때가 있지 않은가.

볼지어다 내가 문밖에 서서 두드리노니 누구든지 내 음성을 듣고 문을 열
면 내가 그에게로 들어가 그와 더불어 먹고 그는 나와 더불어 먹으리라
계 3:20

언제 어디서나 우리와 함께하길 원하시는 하나님께서 우리
가정의 예배의 문을 두드리고 계신다. 귀한 분을 문 앞에 세워
두는 법은 없다. 어디에서 무엇을 하든 삶 가운데 주님을 환
영해야 한다. 주님이 예배의 주인이시고 복과 은혜의 근원이시
기 때문이다. 장소를 불문하고 예배를 사모하며 멈추지 않길
바란다.

너희는 너희가 하나님의 성전인 것과 하나님의 성령이 너희 안에 계시
는 것을 알지 못하느냐 고전 3:16

하나님의 성품을 찬양하는 예배
"말씀 가운데 계신 하나님의 성품을 찬양하겠습니다."
인도자의 요청이 끝나면 서로 앞다퉈 하나님의 성품을 찬
양한다.

"천지만물을 지으신 하나님을 찬양합니다."

"구원해주신 하나님을 찬양합니다."

"선하시고 인자하신 하나님을 찬양합니다."

"말씀이신 하나님을 찬양합니다."

"포도나무이신 예수님을 찬양합니다."

"나의 목자 되신 예수님을 찬양합니다."

가정예배 시간에 절대 빠질 수 없는 순서이자 중요하게 여기는 부분이다. A. W. 토저는 "보이지 않는 이를 사랑할 수는 있어도 알지 못하는 사람을 사랑할 수 없다"라고 했다. 하나님의 성품을 찬양하는 이유는 우리의 예배 대상과 주인이 누구신지 명확하게 선포하기 위해서다.

아이들이 어렸을 땐 자신이 받은 것과 환경에 대한 감사와 찬양이 넘쳤다. 그런데 이제는 예배 시간이 쌓인 만큼 다양한 하나님의 성품을 찬양한다. 말씀에서 그분의 성품을 발견하고 그 이름을 높여 찬양하자. 또한 삶에 역사하시는 그분의 성품을 직접 경험하고 만나길 기도한다.

이 백성은 내가 나를 위하여 지었나니 나를 찬송하게 하려 함이니라

사 43:21

사람은 구원과 상관없이 어떤 형태로든 종교심을 가지고

있다. 나뭇가지에 걸린 형형색색의 끈, 길목에 쌓여있는 돌탑, 우상과 자연숭배, 이단 등 다양한 종교적 체험을 통해 하나님 없는 예배가 가능하다. 우리는 하나님을 찬송하기 위해 지음을 받았기에 예배의 주인이신 주님께 감사하며 그분이 하신 일을 선포하고 거룩하신 이름을 찬양함이 마땅하다.

존 맥아더 목사는 "예배는 최상의 존재에게 존경, 경의, 찬양, 영광을 드리는 것이다"라고 정의했다. 가정예배 가운데 하나님의 성품을 찬양하며 그 이름을 높여드리길 바란다. 그러면 그분의 성품이 삶에 스며들 것이다. 구속의 은혜를 기념하며 최상의 존재에게 경의를 표하는 가정이 되길 바란다.

여호와께 감사하고 그의 이름을 불러 아뢰며 그가 하는 일을 만민 중에 알게 할지어다 그에게 노래하며 그를 찬양하며 그의 모든 기이한 일들을 말할지어다 그의 거룩한 이름을 자랑하라 여호와를 구하는 자들은 마음이 즐거울지로다 시 105:1-3

성령의 열매 맺는 가정예배

첫째가 일곱 살 무렵, 암송하던 갈라디아서 5장 말씀으로 설교를 했다.

"하나님은 이런 것을 하지 말라고 하셨습니다. 육체의 일은 분명하니 곧 음행과 더러운 것과 호색과 우상 숭배와 주술과 원수 맺는 것과 분쟁과 시기와 분냄과 당 짓는 것과 분열함과 이단과 투기와 술 취함과 방탕함 같은 모든 죄악을 행하지 말라고 하셨습니다.

하나님은 대신 성령의 열매를 기억하라고 하셨습니다. 오직 성령의 열매인 사랑과 희락과 화평과 오래 참음과 자비와 양선과 충성과 온유와 절제의 열매를 맺으라고 하셨습니다. 자, 따라 하십시오! 하나님은 우리의 피난처십니다. 아멘?"

조이는 부지런히 암송하는 말씀을 전했다. 어린아이의 설교였지만 말씀 자체가 능력이기에 가족 모두 경청하며 '아멘'을 외쳤다.

하나님은 가정이 성령의 열매를 맺길 원하신다. 날마다 육체의 욕심과 싸우는 것은 우리의 힘으로는 불가능하다. 육체의 소욕을 거스르고 성령의 열매를 맺기 위해 성령을 전적으로 의지하고 따라 행해야 한다. 그래서 성령보다 앞서지 않게 해 달라는 기도는 우리 가정예배의 지표가 되었다. 하나님은 열매를 통해 좋은 나무인지 나쁜 나무인지 아신다(마 7:20).

가정마다 어떤 열매를 맺고 있는지 점검할 필요가 있다. 가시나무에서 포도를, 엉겅퀴에서 무화과를 맺을 수 없기에 우리 가정도 아름다운 성령의 열매를 맺기 위해 고군분투하고 있다. 예수 그리스도가 주인이신 가정이 되기 위해서는 육체와 함께 그 정욕과 탐심을 십자가에 못 박아야 한다.

헛된 영광을 구하여 서로 노엽게 하거나 투기하지 않기 위해 가정예배로 모이는 것이다. 가정이 성령으로 살고 성령으로 행할 수 있는 은혜가 가정예배에 있다. 우리는 하나님을 떠나서는 아무것도 할 수 없는 존재다. 성령의 열매를 많이 맺기 위해서는 주님이 우리 가정에, 우리가 주님 안에 거해야 한다.

우리를 위해 죽임당하신 예수님의 사랑으로 서로를 용납하는 사랑의 열매, 기쁨과 즐거움으로 주님을 예배하는 희락의 열매, 화목하고 평온한 가정을 이루는 화평의 열매, 서로를 인내하며 기다려주는 오래 참음의 열매, 친절하고 착함을 통해 하나님의 영광을 드러내는 자비와 양선의 열매, 신실하게 믿음으로 살아내는 충성의 열매, 온화하고 부드러운 성품이 있는 온유의 열매, 자기 통제력으로 절제의 열매를 풍성하게 맺길 기대한다. 성령의 열매를 맺는 가정예배를 통해 하나님께 영광이 되고 예수님의 증인이 될 것이다.

우리 구주 예수 그리스도로 말미암아 우리에게 그 성령을 풍성히 부어 주사 우리로 그의 은혜를 힘입어 의롭다 하심을 얻어 영생의 소망을 따라 상속자가 되게 하려 하심이라 딛 3:6,7

축복과 감사로 하나 되는 가정예배

때로는 특별한 감사를 더하는 가정예배를 드리기도 한다. 가족들이 함께 축하할 여러 기념일과 다양한 일에 감사로 모이는 가정예배. 아이들이 태어날 때마다 산부인과에서 환영식 및 아이의 첫 가정예배를 함께 드렸다. 가족들은 생명의 신비를 느끼며 하나님의 선물에 감사하고 세상 빛을 본 아기에게 손을 얹고 축복했다.

가족들의 생일에는 특별 이벤트를 준비하지만 꼭 예배로 끝맺는다. 남편은 우리를 이 땅에 보내주신 하나님의 은혜와 사랑에 감사하며 축복기도를 해준다. 지금까지 믿음 안에서 키워주신 주님과 부모님께 감사하며 서로를 축복하는 시간을 통해 주 안에서 하나임을 다시금 깨닫는다.

형제들이 이차성징으로 몸의 변화가 온 날엔 아이들이 원하는 선물을 준비했다. 첫째는 패밀리 레스토랑, 둘째는 놀이동산이었다. 즐거운 시간을 보낸 후 2부 순서로 케이크 점화와 감사예배를 드렸다. 주님의 섭리 가운데 성장하는 아이들을 축복하며 축하 인사를 건네는 시간이었다. 출산부터 아이들이 자라며 겪는 크고 작은 일을 기념하고 축하하며 예배를 드렸다. 모든 생사화복을 주관하시는 하나님 앞에 마땅히 드려야 할 우리 가정의 의례이다.

매년 아이들이 우리 부부를 위해 특별한 결혼기념일 이벤트를 준비해준다. 해마다 예상을 뛰어넘는 이벤트를 기획하고 선물하는 아이들 덕분에 행복하지만, 가장 큰 행복은 하나님께서 이루신 일들을 나누며 예배하는 일이다. 삶의 모든 순간에 하나님이 함께하시며 역사해주셨기에 그분이 이루신 일들을 가족과 함께 나누는 것이 얼마나 큰 축복인지 모른다. 모든 것이 주의 은혜였음을 고백하게 된다.

아이들이 세례받던 날, 입교하던 날, 나의 책 출간, 남편의 사역 시작, 어린이날, 어버이날, 결혼기념일, 암송 구절이 쌓여 감사예배 드린 날, 303비전꿈나무 장학생으로 선발된 날, 가족 모두 성경 통독 마친 날 등 우리 가정의 역사와 감사예배가 함께 쌓이고 있다.

앞으로 아이들의 삶에서 기념이 될 만한 모든 순간마다 감사로 예배할 때 우리를 돌보시고 신실하게 인도해주시는 하나님의 사랑을 깨닫고, 그분을 믿고 의지하는 자녀들로 성장할 것이다.

우리 가정의 주인 되시는 주님께 힘닿는 대로 축복과 감사의 예배를 드리자. 가정에서 존중과 인정, 사랑을 받을 때 긴밀한 결속과 사랑의 열매를 맺으며 하나님의 은혜와 섭리를 증명할 수 있는 가족만의 역사, 믿음의 발자취로 길이 남을 것이다.

여호와께 감사하라 그는 선하시며 그 인자하심이 영원함이로다 여호와의 속량을 받은 자들은 이같이 말할지어다 여호와께서 대적의 손에서 그들을 속량하사 동서남북 각 지방에서부터 모으셨도다

시 107:1–3

아무리 바빠도 가정예배

초판 1쇄 발행   2021년 12월 13일
초판 3쇄 발행   2024년 12월 24일

지은이   백은실

펴낸이   여진구
책임편집   김아진 정아혜
편집   이영주 박소영 최현수 구주은 안수경 김도연
책임디자인   노지현 | 마영애 조은혜 정은혜
홍보·외서   진효지
마케팅   김상순 강성민   마케팅지원   최영배 정나영
제작   조영석 허병용   경영지원   김혜경 김정희

303비전성경암송학교 유니게 과정
이슬비전도학교 / 303비전성경암송학교 / 303비전꿈나무장학회

펴낸곳   규장

주소   06770 서울시 서초구 매헌로 16길 20(양재2동) 규장선교센터
전화   02)578-0003 팩스 02)578-7332
이메일 kyujang0691@gmail.com   홈페이지 www.kyujang.com
페이스북 facebook.com/kyujangbook   인스타그램 instagram.com/kyujang_com
카카오스토리 story.kakao.com/kyujangbook
등록일 1978.8.14. 제1-22

ⓒ 저자와의 협약 아래 인지는 생략되었습니다.

책값   뒤표지에 있습니다.
ISBN 979-11-6504-278-3 03230

규 | 장 | 수 | 칙

1. 기도로 기획하고 기도로 제작한다.
2. 오직 그리스도의 성품을 사모하는 독자가 원하고 필요로 하는 책만을 출판한다.
3. 한 활자 한 문장에 온 정성을 쏟는다.
4. 성실과 정확을 생명으로 삼고 일한다.
5. 긍정적이며 적극적인 신앙과 신행일치에의 안내자의 사명을 다한다.
6. 충고와 조언을 항상 감사로 경청한다.
7. 지상목표는 문서선교에 있다.

하나님을 사랑하는 자 곧 그의 뜻대로 부르심을 입은 자들에게는 모든 것이 合力하여 善을 이루느니라(롬 8:28)

규장은 문서를 통해 복음전파와 신앙교육에 주력하는 국제적 출판사들의 협의체인 복음주의출판협회(E.C.P.A:Evangelical Christian Publishers Association)의 출판정신에 동참하는 회원(Associate Member)입니다.